廖 伟 杨云龙 主 编
关兴举 王小旭 副主编
邵永录 主 审

汽车覆盖件模具设计要点

QICHE FUGAI

SHEJI YAODIAN

化学工业出版社

·北京·

图书在版编目（CIP）数据

汽车覆盖件模具设计要点/廖伟，杨云龙主编. —北京：化学工业出版社，2016.10
ISBN 978-7-122-27744-2

Ⅰ.①汽…　Ⅱ.①廖…②杨…　Ⅲ.①汽车-车体覆盖件-模具-设计　Ⅳ.①U463.82

中国版本图书馆 CIP 数据核字（2016）第 180485 号

责任编辑：贾　娜　　　　　　　　　　　文字编辑：张绪瑞
责任校对：吴　静　　　　　　　　　　　装帧设计：刘丽华

出版发行：化学工业出版社（北京市东城区青年湖南街 13 号　邮政编码 100011）
印　　刷：北京永鑫印刷有限公司
装　　订：三河市宇新装订厂
787mm×1092mm　1/16　印张 11½　字数 310 千字　2016 年 11 月北京第 1 版第 1 次印刷

购书咨询：010-64518888（传真：010-64519686）　售后服务：010-64518899
网　　址：http://www.cip.com.cn
凡购买本书，如有缺损质量问题，本社销售中心负责调换。

定　　价：58.00 元

前 言
F O R E W O R D

随着汽车工业的快速发展，新的车型不断涌现，汽车覆盖件等冲压模具也要随之更新，同时要求汽车覆盖件模具设计和制造也要跟上汽车工业快速发展的步伐。

汽车覆盖件模具是汽车覆盖件生产的重要工艺装备，其主要特点是尺寸大，工作型面复杂，一般多为 3D 自由曲面，尺寸精度和表面粗糙度均要求较高。同时，包括数字化模具技术、冲压成形过程模拟、高速加工、自动化加工、拼焊板和高强度钢板冲压技术以及信息化管理技术等高新技术及工艺的广泛应用，也对从事覆盖件模具设计及加工的技术人员提出了较高的要求。

汽车覆盖件模具设计质量的高低，是实现覆盖件质量要求和工艺要求的关键，直接影响到模具的制造水平、模具装配的难易程度及调试工作量的大小，影响到汽车生产准备周期的长短，甚至影响到新车型的开发进度。

本书针对汽车覆盖件冲压模具设计与应用的实际状况，从工程实用角度出发，全面系统地从理论到实践讲述了汽车覆盖件拉延模具、修边冲孔模具、翻边整形模具以及斜楔模具的设计要点。读者通过学习本书，可进一步加深对汽车覆盖件模具设计要点的理解。

本书共分 6 章，第 1 章为汽车覆盖件与模具概述，第 2 章为汽车覆盖件模具通用结构设计要点，第 3 章为汽车覆盖件拉延模具设计要点，第 4 章为汽车覆盖件修边冲孔模具设计要点，第 5 章为汽车覆盖件翻边整形模具设计要点，第 6 章为汽车覆盖件斜楔模具设计要点。本书可供从事汽车覆盖件模具设计与制造的工程技术人员参考，也可供大学院校相关专业师生学习使用。

本书由吉林工业职业技术学院廖伟、杨云龙主编，关兴举、王小旭副主编，邵永录主审。参加本书编写的还有焦艳华、张广柱、李祥忠、杨学。全书由廖伟统稿。在本书编写过程中，得到了吉林工业职业技术学院领导和同仁的诸多支持与帮助，获取了不少有益建议，在此一并表示感谢。

由于学识水平和实际经验有限，加之本书所涉及的理论与实际问题非常广泛，书中难免存在不妥之处，恳请读者朋友指正。

编　者

目录
CONTENTS

第3章　汽车覆盖件拉延模具设计要点

第4章　汽车覆盖件修边冲孔模具设计要点

第5章　汽车覆盖件翻边整形模具设计要点

第6章　汽车覆盖件斜楔模具设计要点

第1章

汽车覆盖件与模具概述

1.1 汽车覆盖件

1.1.1 定义

汽车覆盖件（以下简称覆盖件）是指构成汽车车身和驾驶室、覆盖发动机及底盘的由薄金属板料制成的表面零件和内部零件等。

覆盖件材料一般都选用冲压性能较好的板材，与一般冲压件相比较，具有材料薄、形状复杂、多为空间曲面、结构尺寸大及表面质量高等特点。

覆盖件既要使用便捷、维修方便、制造容易，还要美观大方。

1.1.2 分类

(1) 功能和部位分类

覆盖件按功能和部位可分为三类：外覆盖件、内覆盖件和骨架件。本书主要讨论外覆盖件和内覆盖件。

所谓外覆盖件是指汽车车身外部裸露的冲压件。外覆盖件表面质量要求高，焊接后直接涂漆，表面不再覆盖其他的装饰。

所谓内覆盖件是指汽车车身内部的冲压件，它和外覆盖件一起与骨架零件焊接后形成白车身。由于内覆盖件在涂漆后一般都要覆盖内饰件，形成车身后人们不能直接观察到。因此，与外覆盖件比较，内覆盖件的表面质量要求相对可以稍低一些。

轿车覆盖件主要由 16 板 1 顶盖 1 侧围（各公司的定义有所不同）组成：左/右前门外板、左/右后门外板；左/右前门内板、左/右后门内板；前盖外板、前盖内板；后盖外板、后盖内板；顶盖、侧围、左/右前翼子板、左/右后翼子板等，如图1-1 所示的是某轿车覆盖件组成图。

图 1-1 轿车覆盖件组成图

(2) 按工艺特征分类

① 对称于一个平面的覆盖件，如前盖板、前翼子板及后翼子板等。

② 不对称的覆盖件，如车门的内外板及侧围等。

③ 可以成对冲压的覆盖件，是指左右件组成一个便于成形的封闭件，也指切开后变成两

件的半型覆盖件。

④ 具有凸缘平面的覆盖件，如车门内板等，其凸缘面可直接选作压料面。

⑤ 压弯成形的覆盖件。

1.1.3 特点及其要求

覆盖件与一般冲压件相比，其结构尺寸大，形状复杂，材料厚度相对薄以及表面质量要求高，需要多道工序才能得到产品，也就是需要使用几副冲压模具加工才能得到产品。覆盖件的工艺设计、冲模结构设计和冲模制造工艺都具有特殊性。

（1）覆盖件的特点

① 轮廓尺寸较大并且具有空间曲面形状的冲压件，例如国产轿车中有一些车型的侧围部件，其长度尺寸可以达到 3000mm 以上，形状复杂。

② 外、内覆盖件是由厚度为 0.75mm、0.8mm、0.9mm、1.0mm、1.4mm 等的 08AL 或 ST14 等材料制成，国外的有 0.60mm、0.65mm、0.70mm、0.75mm、1.2mm 等的 CR4 或 JAC340H 等钢板冲压而成的，印度也有采用厚度 0.67mm、材料代号为 C23 的薄板。目前有些轿车内覆盖件如左/右前门内板、左/右后门内板等是由两种厚度材料（一般是 0.8mm 和 1.4mm），采用激光焊接等工艺制成的（或称拼焊板），其目的是提高其强度，避免因经常开关车门而使其变形。

③ 大多数覆盖件一般都必须经过拉延工序才能得到所需形状，拉延为关键成形工序。

④ 冲压成形时材料的变形过程复杂，必须使用专业软件，如 AutoForm 等，分析、模拟其拉延变形过程中局部是否可能出现拉裂现象等质量缺陷。

⑤ 必须使用设备（如三坐标测量仪等）和专用量、检具才能评价其尺寸和形状是否合格。

⑥ 加工使用的冲压设备吨位一般都比较大，最大的压力机可以达到 2400t 以上。

（2）汽车覆盖件的表面质量要求

覆盖件表面上任何微小的缺陷都会在涂装后引起光线的漫反射而损坏外形的美观，因此汽车覆盖件要求表面平滑、棱线清晰，左右对称和过渡均匀，不允许有起皱、压痕、划伤、毛刺、凸点和凹陷以及其他破坏表面美感等质量缺陷。

同时，相关覆盖件的表面还必须具有很好的协调性，过渡均匀，棱线接合部位吻合流畅，从外观上看起来协调一致，美观大方。

覆盖件不仅要满足结构上的功能要求，更要满足表面装饰的美观要求。

（3）汽车覆盖件的尺寸和形状要求

目前，汽车覆盖件制造基本上都是冲压生产线连续生产，批量大，机械化程度高，这就要求汽车覆盖件轮廓尺寸的精度要高，孔的位置精度也有较高的要求。

汽车覆盖件的主要特点就是轮廓尺寸比较大并且多数具有 3D 曲面形状。汽车覆盖件的尺寸和形状主要以 3D 数模来描述（2D 图很难将其准确完整地表达出来），3D 图是加工、制造、分析和检测等过程的主要依据。

对汽车覆盖件的尺寸和形状的检验，主要是使用三坐标测量仪和专用检具。三坐标测量仪的使用方法详见使用说明书及相关书籍。专用检具的使用方法是将覆盖件放入检具中定位，然后依据检具说明书的操作步骤及使用要求，对其进行检测。

（4）汽车覆盖件的刚度要求

覆盖件在拉延过程中，由于其塑性变形的不均匀性，往往会使某些部位刚性变弱。使用刚性差的覆盖件，会使汽车在高速行驶过程中发生振动或异响，影响其使用寿命。因此，不可忽视对覆盖件的刚性要求。检测覆盖件刚性的方法，一是依靠经验，二是使用设备。依靠经验的检测，一种方法是用手敲打覆盖件以此分辨其不同部位声响的异同；另一种方法是用手按，看其是否发生松弛和凸起或凹陷现象。使用设备的检测，主要是检测其材料的变薄程度和刚度对比。

1.1.4　工艺性

汽车覆盖件的结构形状和尺寸决定其工艺性，而且还要为后面的修边、翻边等工序创造有利条件，如为修边工序预先冲工艺孔、工艺缺口等，而绝大多数的覆盖件一般都要采用一次性拉延的永久塑性变形工艺，来形成覆盖件的主体形状。

由于汽车覆盖件拉延时沿毛坯周边的变形情况十分复杂，目前还不能用准确的数学方法做出十分准确的计算结果。在拉延冲压方向确定之后，为了满足拉延工艺的需要，对绝大多数汽车覆盖件，需要根据产品的数学模型（3D数模），将翻边部分展开，窗口补满，对其形状、轮廓或深度等进行工艺补充，设计必要的拉延筋等构成一个拉延件，才能进行拉延成形。

（1）工艺补充设计

工艺补充部分的设计是冲压工艺设计的重要内容。工艺补充设计的合理与否，也是冲压工艺设计先进与否的重要标志，它直接影响到冲压成形时的工艺参数、毛坯的变形条件、变形量大小、变形分布、表面质量以及破裂和起皱等质量缺陷的产生等。

工艺补充部分是拉延件不可缺少的组成部分，它既是实现拉延的先决条件，又是增加变形程度获得刚性制件的必要补充。工艺补充的多少取决于覆盖件的结构形状和尺寸，也和所使用材料的力学性能有关。工艺补充的多余材料可以在后续的工序中去除（如修边工序等）。

（2）压料面设计

压料面也是工艺补充的一个重要组成部分，对汽车覆盖件的成形起着重要作用。压料面是指凹模圆角以外并且在拉延开始时，凹模与压边圈压住毛坯的部分。有的拉延件的压料面全部是工艺补充部分，有的拉延件的压料面则由制件的法兰部分和工艺补充部分共同组成。

（3）拉延筋设计

拉延筋的形式及布置对拉延过程有很大的影响，它是防止覆盖件起皱和撕裂最有效的方法之一。要根据拉延件的形状特点及相应的毛坯变形、流动规律来设计拉延筋的形式和布置，使其可以有效地控制毛坯的变形与流动，满足拉延要求。

（4）冲压过程中的定位

拉延件在修边等工序中的定位必须在确定拉延件时考虑。拉延件在修边工序中的定位有三种情况：

① 形状定位，这样的拉延件一般都是空间曲面变化复杂的覆盖件，其外形已满足了定位的要求。

② 用压料面形状定位，用于一般空间曲面变化小的浅拉延件。其优点是方便、可靠和安全，缺点是由于考虑定位块结构尺寸、修边凹模镶块强度、凸模对拉延毛坯的拉延条件以及定位稳定可靠等因素，增加了工艺补充部分的材料消耗。

③ 利用拉延时冲或穿的工艺孔定位。修边时既不能用侧壁形状又无压料槛可利用，才用工艺孔定位，缺点是操作工人用工艺孔套定位销比较麻烦。拉延模上增加冲或穿工艺孔结构，增加了模具制造难度，应尽量少采用。

修边工序以后的定位一般都是用工序件轮廓、侧壁形状和覆盖件本身的孔定位。

（5）进出料方式

根据材料的形式确定进料方式、取出和整理制件的方法，它直接影响到模具的结构。

（6）工序合并设计

工艺设计中应考虑工序合并，尽量减少工序数。在大批量生产时，应尽量考虑采用复合工序，将不发生干涉的工序尽可能合并在一起，如修边与冲孔、整形与翻边以及侧修边与侧冲孔等，以提高生产效率。

(7) 其他工序的工艺性

拉延工序以后的工艺性，仅仅是确定工序次数和安排工序顺序问题。后续工序的工艺性最重要的是定位基准的一致性或定位基准的转换，其原则是上道工序要为下道工序创造必要的条件，后道工序要注意与前道工序衔接好。

1.2　汽车覆盖件模具

冲压的基本工序包括成形和分离。成形工序包括拉延、成形、整形、翻边和翻孔等，分离工序包括落料、冲孔、修边及切割等。

汽车覆盖件使用的模具主要有拉延模具、修边冲孔模具、翻边整形模具和斜楔模具等，模具名称及代号见表1-1。

表1-1　汽车覆盖件模具名称及代号

英文名称	英文缩写	中文名称	英文名称	英文缩写	中文名称
BLANKING	BL	落料	CAM PIERCE	C/PI	侧冲孔
DRAW	DR(S/A)	(单动)拉延	BURLING	BUR	翻孔
	DR(D/A)	(双动)拉延	SEPARATE	SEP	切开
TRIM	TR	修边	CUT	CUT	切断
CAM TRIM	C/TR(CTR)	侧修边	CAM	CAM	斜楔
FLANGE	FL	翻边	BENDING	BEN	压弯
CAM FLANGE	C/FL	侧翻边	CURLING	CU	卷边
FORM	FO	成形	HEMMING	HEM	包边
RESTRIKE	RST	整形	PROGRESSIVE	PRO	级进(模)
CAM ESTRIKE	C/RST	侧整形	TRANS FAR	TRA	多工位
PIERCE	PI	冲孔			

注：侧修边（C/TR）、侧冲孔（C/PI）、侧翻边（C/FL）等是组合的命名方式。

汽车覆盖件形状复杂，至少需要两副模具依次进行冲压加工得到。绝大多数汽车覆盖件由3～5副模具通过冲压加工得到，就是说要用3～5道冲压工序。根据覆盖件的特点，大多数汽车覆盖件需通过拉延工序得到。拉延工序之后的模具，基本上都是多种工序模具的复合，如修边、冲孔和侧修边工序，就是在一副模具中完成修边、冲孔和侧修边三种工作内容；而翻边、侧翻边、冲孔和切断工序，是在一副模具中完成翻边、侧翻边、冲孔和切断四种工作内容。

(1) 汽车覆盖件模具编号

汽车覆盖件模具都有编号，从编号中可以知道覆盖件产品图号、工序顺序和工序内容。覆盖件产品图号由汽车主机厂规定，工序内容如前述，工序顺序的表达方式主要有以下三种：

① 用OP××表示工序号

OP10表示第一工序，OP20表示第二工序，以此类推。将落料工序定为OP05。

② 用分数表示工序顺序

分母表示总的工序数，分子表示该工序为第几工序。如：1/3工序表示此零件有三道工序，本工序为第一工序；3/4工序表示此零件有四道工序，本工序为第三工序。

③ 用-X-Y表达

在使用-X-Y表达时（X、Y为整数），如-4-3或-3-4，都表示有四副模具，本模具为第三工序模具。

(2) 汽车覆盖件模具大小分档

汽车覆盖件模具按模具外形长、宽尺寸L和W（如图1-2所示）大小分档，目前没有统一的划分标准，表1-2仅供参考。

表 1-2　模具按尺寸大小分类　　　　　　　　　　　　　mm

模具类别	外 形 尺 寸
小型模具	长＋宽≤2400，且长≤1500
中型模具	2400＜长＋宽≤3200，且长≤2300
大型模具	3200＜长＋宽≤4500，且长≤3000
特大型模具	4500＜长＋宽

1.2.1　拉延模具

　　拉延模具是保证制成合格覆盖件的最重要工艺装备，它的作用是将平板状毛坯经拉延工序使之成形为 3D 空间工序件。拉延模具工作时，毛坯在凸模的作用下，逐渐进入凹模型腔，内部的毛坯不是同时贴模，而是随着冲压过程的进行而逐渐贴模，最后拉延成凸模的形状。覆盖件的形状全部或大部分由拉延工序得到。

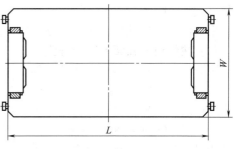

图 1-2　模具外形长、宽尺寸示意图

　　拉延模具的上、下模导向，小批量生产使用的模具在侧向力小时采用导柱、导套，若导向部件采用导块结构，可设置单个可换耐磨板；中批量生产使用的模具，采用导板结构，使用单个耐磨板；大批量生产使用的模具，上、下模及凸模、压边圈导向采用双面耐磨板导向。

　　拉延模具有正装和倒装两种形式，详见 3.1 整体结构设计要点。

　　如图 1-3 所示是某轿车侧围内板件的拉延模具压边圈 3D 图。

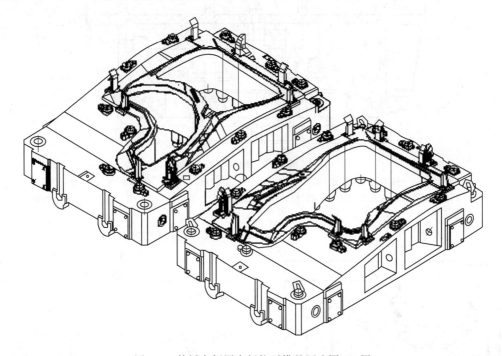

图 1-3　某轿车侧围内板拉延模具压边圈 3D 图

　　汽车覆盖件拉延模具使用的板料尺寸大小要与其模具相适应。板料尺寸过大，则浪费材料；板料尺寸过小，则材料走料快，材料拉延不充分。拉延板料毛坯轮廓多为矩形，如果为特殊形状，则有必要在拉延工序之前增加落料工序或局部切角的毛坯来拉延。

1.2.2 修边冲孔模具

修边冲孔模具用于将拉延件的工艺补充部分及压料凸缘多余部分材料切除和沿封闭的轮廓分离出废料得到有用的孔,为翻边和整形工序准备合格工序件。

修边冲孔模具的上、下模用导柱导向,或利用导柱、导向腿导向。

修边冲孔模具一般在其凹模的周围安装有切断刀,在修边结束时将废料切成若干段,其目的是将废料及时清理。

根据修边(冲孔)镶块的运动方向,修边冲孔模具共有以下三大类型。

(1) 按修边冲孔面的形状分类

可分为平面和曲面修边冲孔模具。

① 平面修边冲孔模具是指修边线在一个平面上,其实就是平面冲裁模具。所不同的就是修边线中间有拉延出的形状,定位于压料时要考虑这些形状。

② 曲面修边冲孔模具是指修边线为空间曲线,覆盖件修边冲孔模具绝大多数为曲面修边冲孔模具,工作时以此曲面形状定位。

(2) 按修边冲孔的形式分类

可分为垂直和倾斜修边冲孔模具。

① 垂直修边冲孔模具

修边和冲孔方向与压力机上滑块运动方向一致的模具。它是覆盖件修边冲孔模具的最常用形式,应用比较普遍,如图1-4所示。

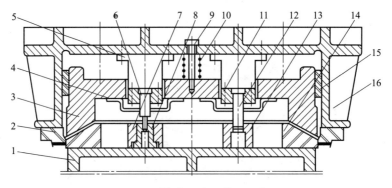

图 1-4　垂直修边冲孔模具示意图

1—下模座;2—修边凹模上模座;3—压料板;4—可卸压料板;5,11—凸模座;6,12—冲孔凸模;
7—凹模座;8,13—冲孔凸模,9—卸料螺钉;10—弹簧;14—修边凸模;15—内导板;16—上模座

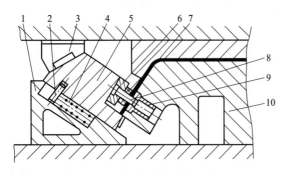

图 1-5　倾斜修边冲孔模具示意图

1—靠背块;2—销;3—斜楔;4—弹簧;5—滑块;6—凸模座;
7—橡胶;8—冲孔凸模;9—冲孔凹模;10—修边凸模座

② 倾斜修边冲孔模具

一般来说,在斜面上修边时,修边角度最好不要超过20°,确有困难时局部区域最大角度不得超过20°。

在斜面上冲孔,所得到的孔尺寸与2D产品图上的孔尺寸会有误差,同时会产生侧向力。详见4.4.1冲孔凸模设计要点相关内容。

由于覆盖件形状的限制,修边和冲孔方向与压力机上滑块运动方向成一定夹角(直角、锐角或负角),应借助斜楔机构(或称为凸轮机构）才能完成该工序的模具。它要求该模具应有一套（或多套）将压力机垂直运动方向，转变成刃口镶块沿修边（或冲孔）方向运动的斜楔机构，如侧修边和侧冲孔等，如图1-5所示。

（3）组合修边冲孔模

在同一副模具上既要完成垂直修边（或冲孔）又要完成水平或倾斜修边（或冲孔）的模具，如图1-6所示。

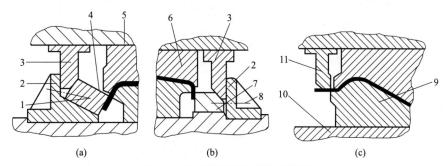

图1-6　组合修边冲孔模具示意图

1,8—复位弹簧；2—背托；3—斜楔；4,7—倾斜和水平修边凹模镶块；5—上模座；
6—压料板；9—垂直修边凸模；10—下模座；11—垂直修边凹模

如图1-7所示是某轿车后地板件修边冲孔模具压料芯3D图。

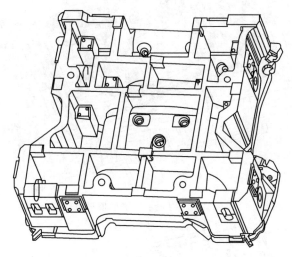

图1-7　某轿车后地板件修边冲孔模具压料芯3D图

1.2.3　翻边整形模具

翻边模具是使半成品工件的一部分材料相对于另一部分材料产生翻转的冲模，而整形模具是用来调整半成品的轮廓的尺寸以提高尺寸精度和表面质量的冲模。

翻边整形模具主要完成拉延无法成形或者能成形但后序无法处理的局部边及型面。按工作方向，翻边整形模具分为向上、向下和上下同时翻边整形模具三类。翻边整形模具也是制造合格汽车覆盖件的必备工艺装备之一。

翻边整形模具的上、下模采用导腿（导板）导向。

如图1-8所示是某车型的尾门内板的翻边整形模具装配3D图。

如图1-9所示是某车型尾门内板的翻边整形模具下模座3D图。

如图1-10所示是某车型尾门内板的翻边整形模具上模座3D图。

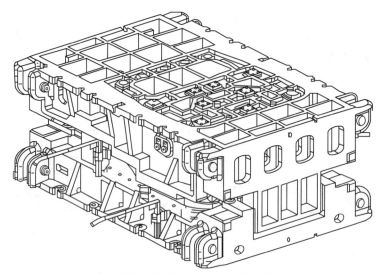

图 1-8　某车型尾门内板翻边整形模具装配 3D 图

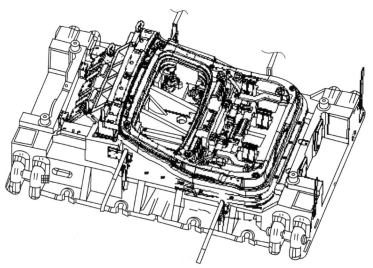

图 1-9　某车型尾门内板翻边整形模具下模座 3D 图

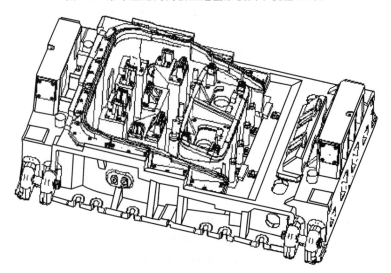

图 1-10　某车型尾门内板翻边整形模具上模座 3D 图

如图 1-11 所示是某车型尾门内板的翻边整形模具压料芯 3D 图。

1.2.4 斜楔模具

在侧翻边、侧整形、侧修边、侧冲孔或水平翻边（包含倾斜翻边）等工序中，某些工作零件的运动方向与该工序的冲压方向不一致，这时就要用到斜楔机构（或称凸轮机构），如图 1-12 所示。冲压生产时，这些斜楔机构把模具的上下运动转换为侧向运动，实现侧翻边、侧整形、侧修边或侧冲孔等工作内容，如图 1-13 所示。有些斜楔机构是外购标准件，而复杂、大型的斜楔机构需企业自制。

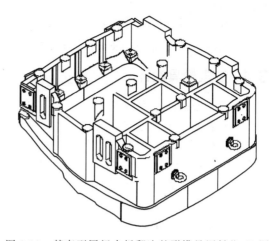

图 1-11 某车型尾门内板翻边整形模具压料芯 3D 图

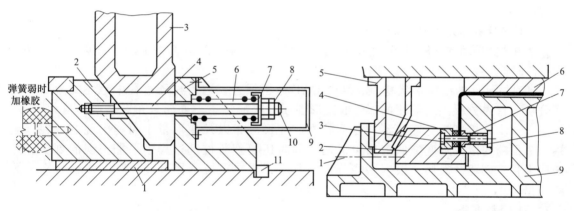

图 1-12 斜楔机构

1—防磨板；2—滑块；3—斜楔；4—弹簧调整螺栓；5—后挡块；
6—弹簧；7—弹簧座；8—螺母；9—外罩；10—开口销；11—键

图 1-13 斜楔修边冲孔模具

1—复位弹簧；2—滑块；3—橡胶；4—凸模座；5—斜楔；
6—压料板；7—冲孔凸模；8—冲孔凹模；9—修边凸模座

斜楔模具的类型按照滑块的附着方式可以分为普通斜楔模具、悬吊斜楔模具和旋转斜楔模具三大类。

斜楔模具导向一般都是采用导柱加导腿（导板）的导向。

1.3 汽车覆盖件模具设计

随着计算机技术的发展，计算机辅助设计（CAD）在模具设计领域得到广泛的应用并显示其巨大的灵活性、方便性与优越性。当前，传统的二维 CAD 技术已经不能满足模具的开发周期、质量与成本的要求，三维实体设计技术在模具的开发周期短、质量提升和成本降低等方面有着明显的优势。

三维实体设计能够直观地反应设计的真实状态，使相关人员清楚准确地理解设计者的真正设计意图，方便加工与装配。三维实体设计能通过运动模拟和干涉检查等分析手段，在设计阶段即可发现问题，避免以往只能在生产过程中才能发现的设计错误。另外，三维实体设计还可以进行 CAE 分析，从而指导和优化工艺方案，如拉延成形模拟分析、回弹补偿分析和修边的展开分析等。同时，直接按三维实体数据进行编程与实型加工，可以缩短工期，保证质量。

除了以上几点之外，模具设计最重要的一点，就是一定要根据本公司（或客户）的现有条件（压力机种类及规格等）来设计汽车覆盖件模具的具体结构。

1.3.1 拉延模具设计

(1) 阅读必需的技术资料

汽车覆盖件冲压工艺方案确定之后，便可进行模具设计。在设计拉延模具之前，必须阅读以下技术资料。

① 覆盖件产品图。覆盖件产品图（2D图和3D图）是所有工序生产的依据。在设计拉延模之前，要仔细认真地阅读覆盖件产品图，充分理解产品设计思想、产品的各项功能和技术质量要求，并预计或设想拉延时哪些因素会对产品质量产生不良影响。

② 覆盖件产品DL图。结合覆盖件产品图，认真阅读覆盖件DL（2D和3D）图，充分理解其设计思想，工艺补充、压料面设计的目的以及需要预防可能出现的问题等，在拉延成形条件方面还存在哪些不足，以便确定在拉延模设计时采取必要的措施来弥补，这对拉延模设计是非常重要的。

(2) 拉延变形分析和质量分析

认真研究覆盖件冲压工艺文件，结合工序样件（如果有的话），明确本工序以及后工序对产品件的质量要求。

针对拉延件的结构形状特点，结合CAE分析报告，进行拉延过程中毛坯的流动和变形分析。首先分析判断毛坯各部位的变形性质、变形状态、变形分布以及变形量大小等，然后进一步分析判断毛坯在不同变形状态、变形分布以及变形量下可能出现的破裂、皱褶、表面畸变以及刚度降低等质量问题。同时还要判断拉延过程中可能出现的划伤、冲击线滑移等问题。最后，根据这些分析与判断，决定在拉延模具设计时采取哪些相应的应对措施。

(3) 资料准备

准备好有关的拉延模具设计所需的参考资料，如以往的类似件的拉延模具图样、模具国家标准、行业标准以及企业标准、标准件与通用件样本，还应具备有冲压件的公差、产品所用板材的各项性能参数以及客户要求等。

(4) 设计要点

① 确定压料面及冲压方向。压料面的形状不但要保证压料面上的材料不皱，而且应尽量使凸模下的材料能下凹以降低拉延深度，更重要的是要保证拉入凹模里的材料不皱不裂。

汽车覆盖件的拉延冲压方向选择的是否合理，将直接影响凸模是否能进入凹模、变形是否均匀、最大限度地减少拉延件各部分的高度差、是否能充分发挥材料的塑性变形能力、是否有利于防止破裂和起皱等质量缺陷的产生等等。也就是说，只有选择了合理的拉延冲压方向，才能使拉延成形过程顺利实现。

一般来说，在覆盖件冲压工艺设计时，已充分考虑了拉延过程中的变形特点和毛坯流动趋势，确定了拉延件的形状和冲压方向。

② 确定模具结构形式及导向方式。拉延模结构形式的确定是设计时必须首先需要考虑的，也是模具设计的关键，它直接影响覆盖件的质量、成本及冲压生产的水平。在汽车覆盖件冲压生产中，采用哪种结构形式的拉延模，主要是根据客户的使用要求来选择（或根据本公司的实际情况）。至于模具的导向方式，应根据所选择的模具结构形式来确定。

③ 定位方式选择。主要的定位元件有定位器（或带感应器板件定位器）以及半自动化冲

压线上使用的气动挡料装置等。

④ 确定拉延筋形式及布置。拉延筋的形式及布置对拉延过程有很大的影响，它是防止覆盖件起皱和撕裂最有效的方法之一。要根据拉延件的形状特点及相应的毛坯变形、流动规律来设计拉延筋的形式和布置，使其可以有效地控制毛坯的变形与流动，满足拉延要求。

在设置拉延筋时，凹模压料面上的拉延筋槽可以适当加深，但必须保证槽宽 W，并注意保证圆角半径 R 的大小。

⑤ 确定凸、凹模圆角等参数。汽车覆盖件多数都是一次拉延成形，因此一般情况下拉延凸模的形状、尺寸以及圆角大小都要与产品图相应部位的参数相一致。若覆盖件出现与产品图参数不一致，并且利用其他方法都不能解决时，可以考虑对凸模的局部圆角进行一定的放大，但必须在后工序中对该部位校形来达到产品尺寸要求。

在拉延模设计时，通常都是将凹模圆角设计成略小于产品件上相应部位的圆角。因为在拉延模调试过程中，若对凹模圆角进行修磨，由小圆角修成大圆角比较方便、快捷和经济；反之若将凹模圆角由大变小，需要对凹模进行堆焊修补，修模工作量大，既费时又不经济。

⑥ 压料的作用。为了防止皱褶的产生，在拉延凸模四周设计一压边圈，由弹簧、氮气弹簧或油、气压元件将力作用于压边圈上。

这个力的大小是非常重要的参数。当压边圈所受的压力不足时，拉延过程中将使材料产生皱褶；当压边圈所受的压力过大时，拉延过程中将使材料受到抑制而使侧壁产生过分拉延而产生破裂。压边圈所受到的压力使材料压紧在凹模上，因此称为压料力。

压料力既要保证有足够的压力使材料在压边圈下面顺利流动，又要有足够的压力以抑制材料产生皱褶。

⑦ 排气孔。排气孔的位置、数量及直径大小，应根据拉延件的形状设计，以能顺利地排气而又不破坏拉延件表面为宜。一般的，为将空气排出模具以外，应尽可能开较大的排气孔，并且均匀布置。

⑧ 进出料方式。根据原材料的形式确定进料方法、取出和整理制件的方法。

⑨ 压料与卸料方式。确定压料或不压料，采用刚性卸料还是弹性卸料，使用多少个氮气弹簧等。

⑩ 必要的计算。汽车覆盖件各工序都需要进行必要的计算，拉延工序也不例外。

⑪ 模具材料的选择。主要是指拉延凸模与凹模、压边圈及上、下模座等制造所使用的材料。尽可能选用国产材料，这样可以降低模具制造费用。

⑫ 其他。包括拉延模具的工艺孔、起吊装置设计等。

除模具加工成本、产品质量等要求外，在模具设计时还必须对其维修性能、操作方便、安全性等，特别是在手工操作模具的安全方面予以充分的考虑。

1.3.2　修边冲孔模具设计

(1) 在进行修边冲孔模具设计之前必须阅读的资料

① 覆盖件产品图。覆盖件产品图（2D 和 3D 图）是所有工序生产的依据。在设计修边冲孔模之前，要仔细认真地阅读覆盖件产品图，充分理解产品设计思想、产品的各项功能和技术质量要求，并预计或设想修边冲孔时哪些因素会对产品质量产生不良影响。

② 覆盖件产品 DL 图。结合覆盖件产品图，认真阅读覆盖件 DL（2D 和 3D）图，要明确修边部位、修边质量要求以及冲孔加工内容及要求，以及修边冲孔工序与前、后各道工序之间的关系等。同时，分析和研究工艺设计时所初步确定的修边（冲孔）方式、修边（冲孔）方向等设计思想，认真考虑在模具中实现的可能性和可行性措施，预防可能出现的问题等，这对修

边冲孔模设计是非常重要的。

（2）修边冲孔质量问题分析

认真研究覆盖件冲压工艺文件，结合工序样件（如果有的话），根据修边线的空间形状特点对修边（冲孔）时可能会产生的质量问题进行分析、对比，并制订在模具结构、修边方式以及修边刃口等方面的应对措施。

（3）资料准备

准备好有关的修边冲孔模具设计所需的参考资料，如以往的类似件的修边冲孔模具图样、模具国家标准、行业标准以及企业标准、标准件与通用件样本，还应具备有冲压件的公差、产品所用板材的各项性能参数以及客户要求等。

（4）设计要点

① 修边方式与修边（冲孔）方向的确定。在冲压工艺设计时，已经初步确定了修边方式与修边（冲孔）方向。因此，在进行修边冲孔模具设计时，首先要对冲压工艺规定的修边方式与修边（冲孔）方向的合理性进行探讨，是否还存在不合理的情况，修边方式与修边（冲孔）方向是否能保证制件的质量要求等。在进行综合分析后，最终确定修边方式与修边（冲孔）方向。

② 确定模具结构。根据所确定的修边方式与修边（冲孔）方向，以及生产纲领与公司（客户）实际情况，决定采用何种模具结构。

③ 拉延件在修边冲孔模具中的定位。选择拉延件在修边冲孔模具中的定位方式时，要充分考虑拉延件的结构与形状特点、修边线的形状与位置以及汽车覆盖件冲压加工的基准等，选择定位最可靠、不影响模具结构布置（特别是斜楔的安放等）、能够保证修边冲孔质量的定位方式。拉延件在修边冲孔工序中的定位形式主要有：型面定位；定位半圆孔；下模导正销（如一模两件生产）。

④ 斜楔机构设计。汽车覆盖件修边冲孔模具中，斜楔机构的应用非常普遍。斜楔机构的合理、动作的灵活是保证修边冲孔质量的基本要求。在此基础上，所设计（或选择）的斜楔机构的斜楔角、滑块尺寸以及滑块行程等参数要尽可能使斜楔机构紧凑，以缩小整体模具结构尺寸。

⑤ 确定修边刃口轮廓。在确定修边刃口轮廓时，要考虑到后面的翻边整形工序的变形。当曲线或曲面的翻边高度不大，可以翻边整形时，则修边轮廓可以由连续光滑曲线组成；当翻边高度较大，加工会出现皱褶、破裂等质量缺陷而不能整形时，则需要在修边轮廓合适的部位进行切口。

⑥ 冲孔凸、凹（套）形式的确定。冲孔凸、凹（套）形式比较多，应根据不同的情况采用不同的形式，尽可能地选用标准件。非圆形凸模或凹模套，一定要注意防转方向。

⑦ 修边冲孔间隙的确定。设计修边冲孔模具时一定要选择一个合理的间隙值，确定合理间隙值的方法有计算法、经验法、查表法等三种。

⑧ 确定刃口镶块形状尺寸及布置方式。根据修边线的空间形状，确定凹模刃口镶块的形状尺寸和布置方式

⑨ 确定废料分块及废料刀布置。根据修边废料的形状和尺寸，按废料分块原则进行废料分块，并在相应的位置布置废料刀。

⑩ 确定废料处理方式。根据修边（冲孔）废料的具体情况确定废料的处理方式。

⑪ 修边冲孔模具的材料选择。根据不同材料厚度，修边（冲孔）模具的刃口形式主要有铸造镶块、堆焊及锻造镶块，使用的材料主要有：铸 CH-1、7CrSiMnMoV 和 Cr12MnV 等，热处理硬度 58～62HRC。

⑫ 其他。包括卸料板的设计以及必要的计算等。

1.3.3　翻边整形模具设计

(1) 在进行翻边整形模具设计之前必须阅读的资料

① 覆盖件产品图。覆盖件产品图（2D 和 3D 图）是所有工序生产的依据。在设计翻边整形模之前，要仔细认真地阅读覆盖件产品图，充分理解产品设计思想、产品的各项功能和技术质量要求，并预计或设想翻边整形时哪些因素会对产品质量产生不良影响。

② 覆盖件产品 DL 图。结合覆盖件产品图，认真研究覆盖件 DL（2D 和 3D）图，明确翻边（整形）部位、翻边方向，以及翻边整形工序与前、后各道工序之间的关系等。预防可能出现的问题，这对翻边整形模设计是非常重要的。

(2) 翻边整形质量问题分析

认真研究覆盖件冲压工艺文件，结合工序样件（如果有的话），根据翻边线的空间形状特点对翻边（整形）时可能会产生的质量问题进行分析、对比，并制订在模具结构、翻边方式和整形内容以及翻边镶块端面轮廓形状等方面的应对措施。

(3) 资料准备

准备好有关的翻边整形模具设计所需的参考资料，如以往的类似件的翻边整形模具图样、模具国家标准、行业标准以及企业标准、标准件与通用件样本，还应具备有冲压件的公差、产品所用板材的各项性能参数以及客户要求等。

(4) 设计要点

① 翻边和整形方向。对冲压工艺文件给出的翻边和整形方向进行确认，翻边和整形方向要能够保证翻边整形加工的顺利进行，能保证翻边整形工件的质量要求。

② 翻边整形模具结构。首先根据翻边与整形部位和翻边与整形方向，确定修边冲孔件（上道工序件）在翻边整形模具中的摆放位置和定位方式。零件在模具中依靠零件型面或导正销定位，然后确定翻边整形模具结构。合理的翻边整形模具结构能使各翻边整形部位的加工顺利进行而不发生干涉，出件方便，结构尽量简单实用。

③ 斜楔机构设计（选择）。当必须使用斜楔机构时，要准确计算斜楔和滑块的行程。选择斜楔时，尽可能用标准结构，或客户指定的斜楔机构。

④ 翻边行程设计。应按不同的情况确定翻边行程。特别是当翻边线变化大，一个冲压方向不能成形，要分成两序完成。

⑤ 翻边（整形）凸、凹模镶块设计。根据翻边整形凸、凹模的分块原则，沿翻边（整形）线进行凸模和凹模镶块的分块。

根据翻边（整形）线的位置及所在型面等，确定翻边变形性质和变形程度。然后按伸长类翻边或压缩类翻边的变形性质的不同，确定翻边（整形）凹模镶块前端面的曲面形状，同时确定镶块的安装位置。

确定合适的翻边（整形）凸、凹模镶块交接部位、交接量等。

⑥ 退件机构设计。对需要两面或两面以上向内翻边的制件，要考虑退件机构（翻边顶出器）。若选择凸模开花结构，必须正确设计凸模的扩张范围、初始和最终位置，保证制件能顺利地从翻边凸模上退下。设计的退件机构，必须运动灵活、方便与实用。

⑦ 压料面尺寸确定。主要是确定压料板和凸模的压料面尺寸。对于汽车覆盖件平坦与斜面形状的压料面尺寸，外板和内板要求是不同的。另外，压料面的符型区应与托料面相互对应。

⑧ 压料板设计。应注意压料板强度和刚性，以及压料板的行程，压料板与凹模的间隙必须确定好。

⑨ 导向腿的吃入量一定要大于弹性元件的受压缩量，导滑面长度一定大于压料板的行程

（一定考虑开模状态和闭合状态以及存放状态）。

⑩ 一定要保证翻边刀块同时翻边。

⑪ 存在翻孔时，必须有顶出器，而且顶出器要有初定位作用。

⑫ 在对沿周翻边使用翻边顶出器时，一定要考虑翻边顶出器的行程，必须保证板件没有任何干涉，即在自由状态下顶出。

⑬ 如果不是垂直翻边，必须区分翻边刀块的轮廓线和翻边分模线。

⑭ 其他。包括翻边整形模具的导向与导向间隙以及必要的计算等。

1.3.4 斜楔模具设计

(1) 在进行斜楔模具设计之前必须阅读的资料

① 覆盖件产品图。覆盖件产品图（2D 和 3D 图）是所有工序生产的依据。在设计修边冲孔模之前，要仔细认真地阅读覆盖件产品图，充分理解产品设计思想、产品的各项功能和技术质量要求，并预计或设想修边冲孔时哪些因素会对产品质量产生不良影响。

② 覆盖件产品 DL 图。结合覆盖件产品图，认真研究覆盖件 DL（2D 和 3D）图，明确修边（或翻边）部位、修边（翻边）方向和冲孔部位与方向，以及该工序与前、后各道工序之间的关系等。预防可能出现的问题，这对斜楔模设计是非常重要的。

(2) 产品质量问题分析

认真研究覆盖件冲压工艺文件，参考工序样件（如果有的话），结合斜楔模具的特点，对修边（或翻边、冲孔等）时可能会产生的质量问题进行分析、对比，并制订在模具结构、修边（或翻边、冲孔等）方式和内容以及镶块轮廓形状等方面的应对措施。

(3) 资料准备

准备好有关的斜楔模具设计所需的参考资料，如以往的类似件的斜楔模具图样、模具国家标准、行业标准以及企业标准、标准件与通用件样本，还应具备有冲压件的公差、产品所用板材的各项性能参数以及客户要求等。

(4) 设计要点

① 修边、翻边（整形）及冲孔方向。对冲压工艺文件给出的修边、翻边（整形）及冲孔方向进行确认，修边、翻边（整形）及冲孔方向要能够保证修边、翻边（整形）及冲孔等加工的顺利进行，能保证修边、翻边（整形）及冲孔工序件的质量要求。

② 斜楔模具结构。首先根据修边（或翻边、整形、冲孔等）部位和方向，确定斜楔机构在模具中的摆放位置和定位方式，然后确定其模具结构。

③ 斜楔机构设计（选择）。在设计斜楔模具时，首先根据工艺要求，设计（选择）相应的斜楔机构类型，主要是斜楔和滑块设计。准确计算斜楔和滑块的行程及回位力，确定采用哪种滑块的回位方式。选择斜楔时，尽可能用标准结构，或客户指定的斜楔机构。

④ 斜楔机构行程设计。应按不同的情况确定其行程。修边与翻边及冲孔等的斜楔机构行程要求是不同的。

⑤ 凸、凹模镶块设计。根据不同模具类型（修边、翻边、整形及冲孔等），确定凸模和凹模镶块的分块及端面形状与安装位置。特别是斜楔机构的定位和防侧向力措施一定要设计好。

⑥ 压料板设计。斜楔模具的压料板有上压料板、侧压料板及侧压料和正压料共用压料板三种类型。应根据压料板凸起形状、动作方向和个数等，选择压料板的类型。

压紧力的大小可根据修边冲孔模或翻边整形模等不同情况确定。对侧冲孔工序，压料板的行程必须大于冲头进入压料板的长度＋5mm，否则将导致冲头折断。

⑦ 斜楔模具的废料处理。斜楔模具的废料处理分三种情况，即修边废料的处理、冲孔废料的处理和切断（或切口）的废料处理。

⑧ 其他。包括斜楔模具的导向与导向间隙、斜楔机构力和行程的关系、斜楔行程示意图的作法及必要的计算等。

1.3.5 模具设计常用符号

汽车覆盖件模具设计（2D）常用符号见表1-3。

表1-3 汽车覆盖件模具设计（2D）常用符号

符号	含　　义	符号	含　　义
⊄	中心线	⟶	冲压方向
⊕	基准点(ϕ10)	⟶	斜楔运动方向
⊗	基准定位坐标孔(c/h)	⟶	剖视方向
⊠	产品型面检查点(c/p)	⟹	制件送进、流向
⊕	工艺补充型面检查点(d,c/p)	F	模具前面
+	螺钉平面图	▭	基准尺寸
⊕	柱销平面图	[　]	试验决定尺寸
T	螺钉剖视图	(　)	参考尺寸、重复尺寸
⊺	柱销剖视图	＜　＞	计算尺寸
$	弹簧平面图	～	近似尺寸
⊠	弹簧剖视图		

汽车覆盖件模具通用结构设计要点

2.1 模具标识设计要点

汽车覆盖件模具统一标识，便于模具的分类管理和统一操作，同时起到指导模具的安装等作用。

2.1.1 表面着色设计要点

模具的着色分为两种：一是车型色标，用于区分各车型的颜色，可根据客户各车型的规定颜色着色；二是模具功能部件色标，根据模具的各部位及各功能部件进行着色。

（1）模具表面着色要求

汽车覆盖件模具表面着色要求见表2-1。

表 2-1　汽车覆盖件模具表面着色要求

部位	具体说明	颜色	备注
外观	模具基体非加工面（外观面和非外观面）	基色	按合同要求
安装表面（凸台）	保留加工表面	基色	
模具上表面	涂防锈底漆	红色	
模具下表面	保留加工表面	基色	
压料板		红色	按合同要求
行程限制器	在侧壁涂漆	黄色	
存放限制器		红色	
定位块	非工作面涂漆	黄色	按合同要求
工作侧销	工作部位不涂漆，尾部（露出部分）涂漆	黄色	按合同要求
卸料螺钉			
安全侧销	工作部位不涂漆，尾部（露出部分）涂漆	红色	
安全卸料螺钉			
集管座	在侧面涂漆	白色	进气管
		黄色	排气管
取件空手槽		黄色	
刃口镶块	非加工面	基色	按合同要求
		红色	
废料滑板	滑道面不涂漆	红色	按合同要求
安全区 安全盖板 安全护板		黄黑相间等距 45°斜纹格栅	按合同要求
气动管路及接头	用箭头表示进气方向	黄色	进气管和进气接头
	用箭头表示排气方向	白色	排气管和排气接头

续表

部位	具体说明	颜色	备注
限位块	侧面涂漆	黄色	
调整垫块			
调压垫块			
模具对中V形槽	沿V形槽两侧各50mm区域	白色	
起重棒	仅在头部涂色	黄色	按合同要求
上、下模吊耳	吊耳仅在侧壁涂色	红色	按合同要求
起吊孔		红色	按合同要求
平衡块		红色	
零件导向		黄色	
运输连接板		红色	
铭记事项	所有模具表面所铸出的文字及符号标识等	白色	按合同要求
备件箱	表面	红色	

（2）不需要涂色的区域

汽车覆盖件模具如下区域不需要涂色：

① 导滑面、基准面、基准孔和安装结合面。

② 废料滑槽工作面与废料盒工作面。

③ 需要表面处理的表面，如镀锌和镀铜等。

④ 非金属零件，如橡胶弹簧、塑料零件等。

⑤ 电、气、液控制开关和控制装置等。

2.1.2　铸字设计要点

主要包括模具铸字位置和铸字要求。

（1）模具铸字位置

汽车覆盖件模具铸字位置如图2-1所示。

（2）铸字要求

汽车覆盖件模具铸字要求见表2-2。

模具重量在小数点后保留1位数字；对于尺寸较小的拼块，允许只铸出拼块的编号和材料牌号。

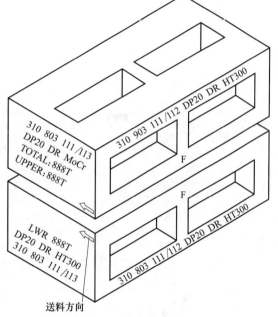

图2-1　模具铸字位置

表2-2　铸字规范要求

序号	铸字内容	铸字位置	备注
1	零件图号和模具号	上、下模座左、右侧第一行	
2	送料方向箭头	上模座下方、下模座上方左、右两侧	大小如图2-2所示
3	上模座重量	上模座第三行右侧	表示为"UPPER Wt.＊＊＊T"
4	工序号和工序名称	上、下模座左、右两侧第二行	表示为"OP10 DR"等
5	上、下模座材质	上、下模座左、右两侧第四行	表示为"HT300"等
6	下模重量和总重量	下模座第三行右侧	表示为"LOWER Wt.＊＊＊T"和"TOTAL Wt.＊＊＊T"
7	模具正面标识	上、下模座正面中间醒目位置	表示为"F"
8	模具侧面标识	上、下模座左、右两侧	表示为"LH"和"RH"
9	模具中心	上、下模座四周，共8处	大小位置如图2-3所示

注：1. 所有的铸字标识都是外凸形式，凸出高度为5mm；黑体，加粗，字号100。

2. 一般英文字母和数字尺寸，黑体，加粗，最小200号。

3. 涂漆颜色按合同规定。

4. 压边圈和退料板等铸字要求为必须有零件图号和模具号、工序号和工序名称及材质等。

5. 模具镶块（刀块，整形块等）上必须铸出材料牌号、模具号和镶块顺序号，字体为黑体、加粗，大小为初号。

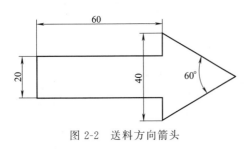

图 2-2　送料方向箭头

2.1.3　标牌与指示牌设计要点

(1) 标牌外形尺寸

汽车覆盖件模具标牌外形尺寸为 140mm × 75mm（长×宽），包括以下内容：零件图号、零件名称、工序号、模具名称、模具编号、压力机吨位、制造厂家、模具重量（上模重量与总重量）、模具闭合高度和出厂日期等，如图 2-4 所示的是某公司使用的标牌。

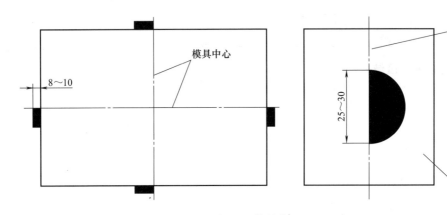

图 2-3　模具中心

零件名称		零件图号			工序号	
模具名称			模具编号			
模具总重 (kg)		下模重量 (kg)		闭合高度 (mm)		
模具尺寸 (mm)				压力机 (kg)		
制造单位				制造日期		

图 2-4　模具标牌

(2) 指示牌外形尺寸

汽车覆盖件模具指示牌外形尺寸为 105mm×40mm（长×宽），包括以下内容：托杆在压力机上的位置（用黑色油漆圆点●表示）、托杆规格、托杆数量、模具中心与压力机中心的偏置量、模具平面尺寸等，如图 2-5 所示的是某公司使用的指示牌。

(3) 标牌和指示牌的安装位置

汽车覆盖件模具标牌和指示牌的安装位置在上模座正面的右侧，标牌在里面，指示牌在外面。这就要求设计师在模具设计时，应考虑好预留安装空间。

(4) 标牌和指示牌合并

也有一些公司将汽车覆盖件模具标牌和指示牌合并到一块使用的铭牌，如图 2-6 所示的是某公司使用的铭牌。

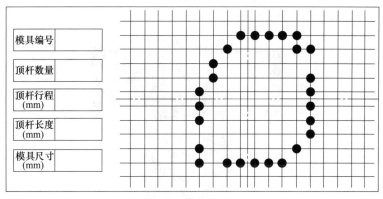

图 2-5　模具指示牌

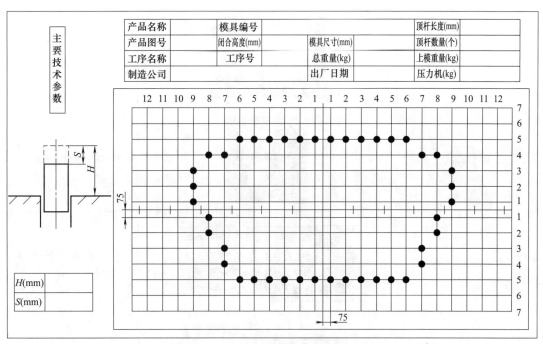

图 2-6　模具铭牌

2.1.4　安全警示标牌设计要点

(1) 外形尺寸

汽车覆盖件模具安全警示牌外形尺寸为 105mm×150mm（长×宽），起到提示作用。如图 2-7 所示的是某公司使用的模具安全警示牌。

(2) 标牌其他要求

汽车覆盖件模具标牌的材料为铝合金，厚度在 1.0～1.2mm 之间，固定方式有铆接或螺钉连接等。

> **注意！事故危险**
>
> **黄黑色标记是否可见？安全档块是否必须更换？**

图 2-7　模具安全警示牌

2.1.5　部件标记刻字设计要点

模具部件标记刻字要求见表 2-3。

表 2-3　模具部件标记刻字要求

序号	模具部件名称	简图	标记刻字内容要求
1	导板		模具号(尾号)、件号、厚度(H＝XX)
2	导套		模具号(尾号)、件号
3	工作限制器(即:冲程停止具)		模具号(尾号)、件号(A\B\C\D 与模具上的铸字对应)、材质、高度(H＝XX)
4	存放限制器		模具号(尾号)、件号
5	压边圈上的平衡块		模具号(尾号)、件号、高度(H＝XX)
6	压边圈下的墩死块		模具号(尾号)、件号、高度(H＝XX)
7	二级顶杆垫块(即:顶杆脚冲击块)		模具号(尾号)、件号、高度(H＝XX)
8	料片定位器(即:素材定位器)		模具号(尾号)、件号

序号	模具部件名称	简图	标记刻字内容要求
9	吊棒		模具号（尾号）、件号
10	侧销		模具号（尾号）、件号
11	锥形限制器		模具号（尾号）、件号
12	定位键		模具号（尾号）、件号
13	冲头固定座		模具号（尾号）、件号
14	氮气缸固定板		模具号（尾号）、件号
15	氮气缸缓冲块（即：氮气缸冲击块）		模具号（尾号）、件号、高度（H＝XX）、硬度
16	废料刀		模具号（尾号）、件号、材质、硬度
17	拉延镶块、修边刀镶块、翻边整形镶块		模具号（尾号）、件号、材质、硬度

续表

序号	模具部件名称	简图	标记刻字内容要求
18	进出料架		模具号(尾号)、件号
19	V形导板		模具号(尾号)、件号
20	斜锲安装压板		模具号(尾号)、件号
21	斜锲强制返程钩(即:强制拉回块)		模具号(尾号)、件号
22	缓冲安装块(即:优力胶安装块)		模具号(尾号)、件号
23	三销基准孔坐标值		刻印坐标数值
24	起吊螺孔、翻转螺孔		要刻印 M 数值

注：模具各安装部件都应刻字；刻印需字迹清晰、排列工整。刻字部位应在非工作面上，刻印字码大小根据实际部件大小比例来定，以合适美观为度，刻字选用钢字头或刻字笔刻字。

2.2 铸件结构设计要点

汽车覆盖件模具的上、下模座以及凸模、凹模、压边圈等大型零件，还有部分镶块，虽然尺寸大，但受力并不大。为了既满足强度要求，又减轻模具重量，这些零件均采用空心铸件。现代汽车覆盖件模具所使用的铸件大多是采用实型铸造法生产的。

2.2.1　铸造孔设计要点

(1)　普通铸造孔

如图 2-8 所示为普通铸造孔，具体尺寸见表 2-4。

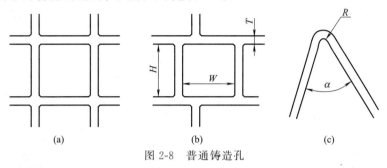

图 2-8　普通铸造孔

表 2-4　普通铸造孔尺寸　　　　　　　　　　　　　　　　mm

类型	优劣	W	H	R	备注
a	劣				不能避免方可采用
b	优	$(8\sim12)T$	$(8\sim12)T$	$\geqslant15$	
c	劣				不能避免方可采用　$\alpha\geqslant45°$

铸造孔设计应注意夹砂，下列几种情况仅供参考。

① 铸造孔狭窄时［如图 2-9 (a) 所示］，应采取的措施有调整筋的距离［如图 2-9 (b) 所示］或改变铸造方向等［如图 2-9 (c) 所示］。

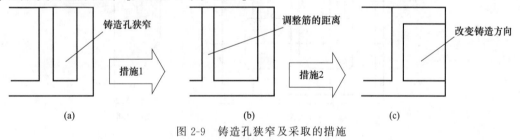

图 2-9　铸造孔狭窄及采取的措施

② 键槽部分清砂难时［如图 2-10 (a) 所示］，应采取的措施有改变结构方式［如图 2-10 (b) 所示］或增加清砂孔及保证清砂空间等［如图 2-10 (c) 所示］。

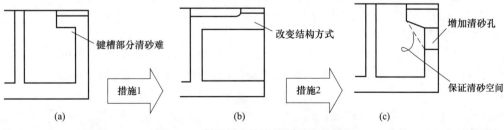

图 2-10　键槽部分清砂难及采取的措施

(2)　连接功能铸造孔

对于偏重心的铸空结构，当浇入铁水，实型汽化后，砂芯会因偏重而变形。特别是铸空大，同时偏重心大时，必须在侧面设置铸造孔与另一砂芯连接，以实现加强的功能，如图 2-11

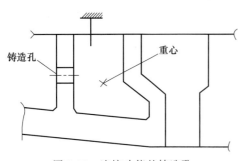

图 2-11　连接功能的铸造孔

所示。

（3）废料滑道用铸造孔

为方便安装滑道、清砂等而设置的，最小宽度≥40mm，如图 2-12 所示。

（4）起吊用铸造孔

① 起吊用铸造孔直径应在 $\phi50$ 以上（小件要求 $\phi40$ 以上），原则上为通孔，如图 2-13 所示。

② 通孔实现不了时，应加大铸造孔直径，要求如下：

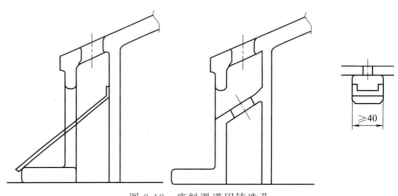

图 2-12　废料滑道用铸造孔

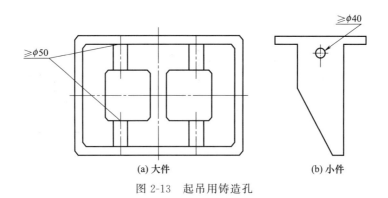

(a) 大件　　　　(b) 小件

图 2-13　起吊用铸造孔

a. 铸件质量在 1000kg 以下的为 $\phi60$mm；

b. 铸件质量在 1000～2000kg 的为 $\phi80$mm；

c. 铸件质量在 3000kg 以上的为 $\phi100$mm。

（5）配管用铸造孔

模具有时需要使用气动元件和电动元件，将气管、电线从元件装置处，经过各立筋上铸造孔引至气路或电路外接口处，设计应考虑该功能用铸造孔的设置，此类铸造孔直径在 $\phi60$ 以上，如图 2-14 所示。

通常将减重孔作为配管用铸造孔。

（6）安装零件用铸造孔

主要是冲孔凸模和斜楔滑块等用铸造孔等，如图 2-15 和图 2-16 所示。

（7）排水孔

所有模具在加工研配完成后或在正式生产前都要对模具进行清洗，因此需要在模具上有凹坑的地方或最低点设计排水用孔，以便将清洗废水排至模具外，一般孔直径为 40mm。

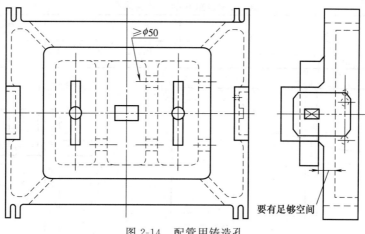

图 2-14 配管用铸造孔

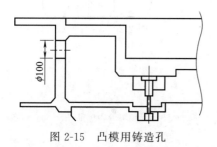

图 2-15 凸模用铸造孔

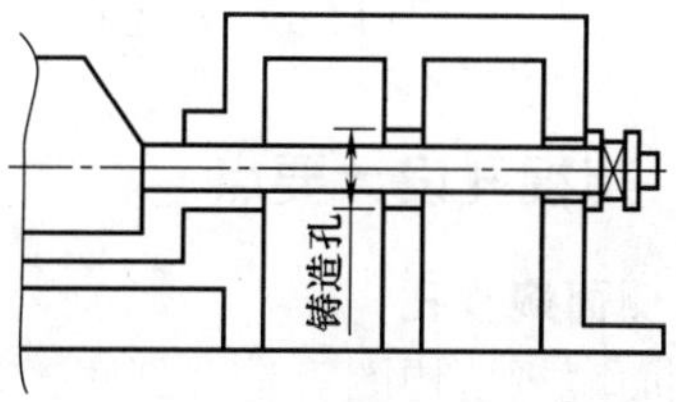

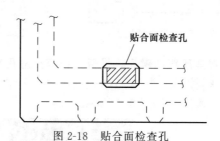

图 2-16 斜楔滑块用铸造孔

2.2.2 检查孔设计要点

共有导板间隙检查孔和贴合面检查孔两种。

① 导板间隙检查孔，如图 2-17 所示。

② 贴合面检查孔，如图 2-18 所示。

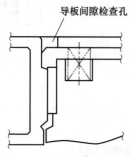

图 2-17 导板间隙检查孔

图 2-18 贴合面检查孔

2.2.3 减重孔与导柱（或导套）拆装孔设计要点

（1）减重孔

为降低材料费用及减轻模具重量，在可能的条件下，铸造筋全部设置减重孔，如图 2-19 所示。若铸件强度弱时，应慎重考虑其大小。减重孔的尺寸及边距可参考表 2-5。

（2）导柱（或导套）拆装孔

顾名思义，所设计的拆装孔，主要目的就是为了拆装导柱与导套。其拆装孔的直径应大于所选导柱与导套的外径尺寸，如图 2-20 所示。

表 2-5　减重孔的尺寸及边距　　　　　　　　　　　　　mm

料厚 代号	A	B	C	D	E	F	R（min）
≥1.0	50	70	50	50	70	100	25
<1.0	50	50	50	50	50	80	25

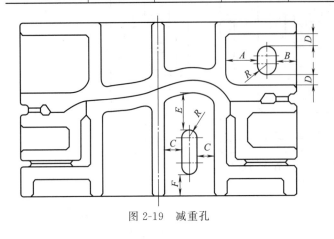

图 2-19　减重孔

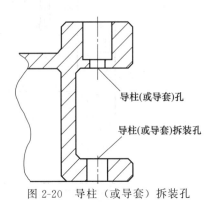

图 2-20　导柱（或导套）拆装孔

2.2.4　窥视孔设计要点

(1) 侧面窥视孔

从侧面窥视压边圈等是否到底，如图 2-21 所示，具体尺寸如图 2-22 所示。

(2) 测量导板处间隙用窥视孔

为测定导板间隙，在上、下模的对应位置处开不小于 45mm×50mm 的窥视孔，如图 2-23 所示。

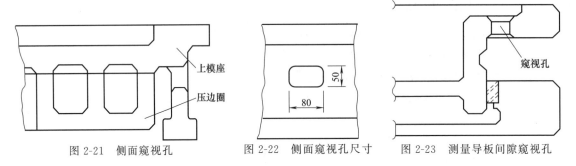

图 2-21　侧面窥视孔　　　　图 2-22　侧面窥视孔尺寸　　　　图 2-23　测量导板间隙窥视孔

(3) 观察压料芯磕死块是否与模座接触用窥视孔

对于压料芯需要与模板磕死的模具，一定要有窥视孔，以便于检查压料芯磕死块是否已经与模座完全接触，如图 2-24 所示。

图 2-24　观察压料芯磕死块是否与模座接触用窥视孔

2.3　安装座设计要点

汽车覆盖件模具在上、下模座普遍设置安装座，用于安放限位块及导柱、导套等部件，保证模具在闭合状态下安全距离不小于 150mm，如图 2-25 所示。一般地，安装座与上模座（或下模座）应做成一体结构。

设置要求为：

① 大型模具四处，规格为 150mm×150mm×10mm，如图 2-26 所示；

② 中型模具四处，规格为 120mm×120mm×10mm；

③ 小型模具两处或四处，规格为 100mm×100mm×10mm；

④ 细长模具（或中、小型模具）可以在对角设置两处，规格为 100mm×100mm×10mm，如图 2-27 所示。

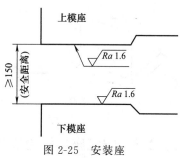

图 2-25　安装座

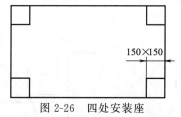

图 2-26　四处安装座

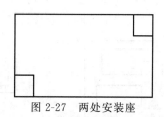

图 2-27　两处安装座

2.3.1　安装座分散时设计要点

当安装座分散时，如图 2-28 所示，长宽尺寸分别为 50mm 以下、高 150mm 以上的普通安装座，铸造填砂时受到冲击可能导致折断；铸造完成后由于急速冷却也容易出现断裂现象。针对以上两种情况，一般要采取以下五种措施：

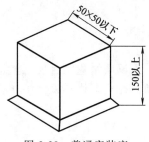

图 2-28　普通安装座

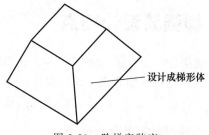

图 2-29　阶梯安装座

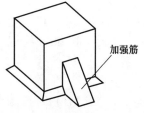

图 2-30　在一侧设加强筋

① 将安装座设计成梯形结构，如图 2-29 所示。

② 在一侧增设加强筋，必要时可双侧设置，如图 2-30 所示。

③ 将安装座设计成二段阶梯形，如图 2-31 所示。

④ 设计成螺纹连接结构，如图 2-32 所示。

⑤ 当长宽尺寸分别在 50mm 以上、高 150mm 以上的安装座，在条件允许的情况下，尽可能将多个安装座设计成连接在一起的结构，如图 2-33 所示，防止安装座在铸造时倾斜及冲击折断。

2.3.2　安装座集中时设计要点

当安装座集中时，尽量将安装座设计成集中在一个比较大的底座上的结构。为了减轻重量，可在底座下面或侧面采取挖空措施。注意挖空后的强度要足够，如图 2-34 与图 2-35 所示。

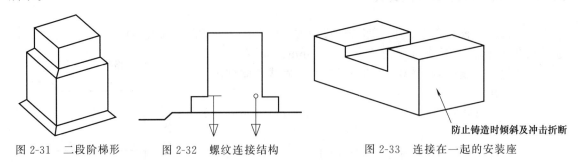

图 2-31　二段阶梯形　　　　图 2-32　螺纹连接结构　　　　图 2-33　连接在一起的安装座

2.3.3　安装座与修边线及翻边线接近时设计要点

截面尺寸小（50mm×50mm～60mm×60mm）而高度尺寸大（>150mm）的安装座，当与修边线、翻边线接近时，要设计成与侧壁连接结构，如图 2-36 所示。

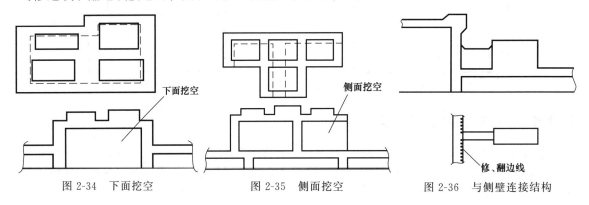

图 2-34　下面挖空　　　　　　图 2-35　侧面挖空　　　　　图 2-36　与侧壁连接结构

2.4　加强筋设计要点

汽车覆盖件模具各工作部分部件，如果做成实体结构，不仅质量重而且加工量也大；做成空心结构，质量轻了但其强度难以保证。为了解决这个问题，在实际模具设计中，将工作面做成实体并且保证其强度，其他部分以加强筋结构相连接。

2.4.1　加强筋厚度设计要点

（1）模具加强筋的最小厚度

加强筋的厚度即铸件壁厚，除了按照与客户签订的技术协议设计外，还要保证其厚度尺寸，不小于 30mm，如图 2-37 所示的尺寸 T；A 和 B 为减轻孔尺寸，最大 450mm（约等于 $8T\sim12T$）。

（2）模具侧挖空设计要点

① 如图 2-38 所示，当 $h<3A$（或 $3B$）时，上下侧挖空；当 $H>3A$（或 $3B$）时，侧面挖空。

② 如图 2-39 所示，当 $A<100$mm 时，则 $B=A$；当 100mm$<A<200$mm 时，则 $B=1.5A$；当 $A>200$mm 时，则 B（最大）$=350$mm。超过上述规定时，在上、下底面及侧筋上开孔，如图 2-40 所示。

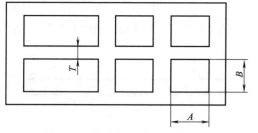

图 2-37　铸造加强筋的厚度尺寸

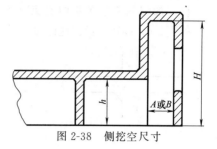

图 2-38　侧挖空尺寸

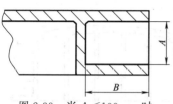

图 2-39　当 $A<100$ mm 时

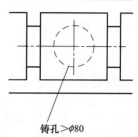

铸孔$>\phi 80$

图 2-40　在上、下底面及侧筋上开孔

如图 2-41（a）所示的结构不合理，应该修改成如图 2-41（b）所示的结构。

2.4.2　加强筋设置设计要点

（1）加强筋避免斜交叉结构

如图 2-42（a）所示，如若斜交叉，极容易出现铸造缺陷，要修改成如图 2-42（b）所示的结构。

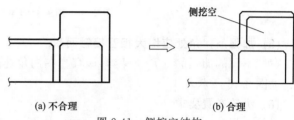

（a）不合理　　　（b）合理

图 2-41　侧挖空结构

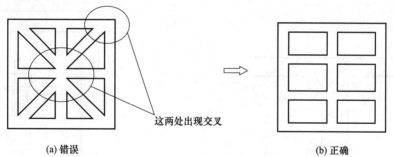

（a）错误　　　（b）正确

图 2-42　铸造加强筋避免斜交叉

（2）加强筋非直角时应加大 R

如图 2-43（a）所示，加强筋非直角时，应加大 R，如图 2-43（b）所示。

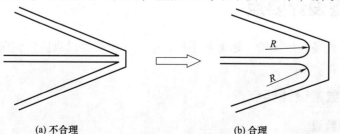

（a）不合理　　　（b）合理

图 2-43　加强筋非直角时应加大 R

（3）加强筋应避免集中交叉结构

如图 2-44（a）所示，这样设计的加强筋面积过大，应改成如图 2-44（b）所示的"T"形结构。

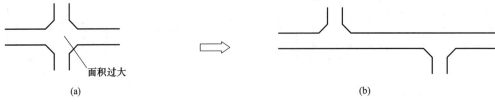

(a)   (b)

图 2-44　加强筋应避免集中交叉

（4）加强筋的厚度尽量均匀

应将如图 2-45（a）所示的结构修改成如图 2-45（b）所示的结构。

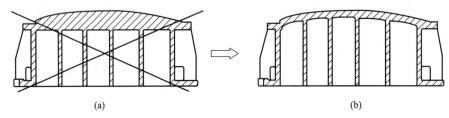

(a)   (b)

图 2-45　加强筋的厚度尽量均匀

（5）加强筋拐角处应增大相互接触面积

宽度不同的加强筋（$T_1 \neq T_2$）极容易在拐角处出现铸造缺陷，此时应该增大相互接触面积，如图 2-46 所示。

（6）纵筋布置要求

模具加强筋间距离应在 300mm 以内，如图 2-47 所示。纵筋布置应尽量避开压力机"T"形槽。如避不开，加强筋应增加厚度。

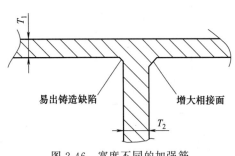

图 2-46　宽度不同的加强筋

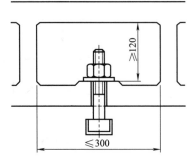

图 2-47　模具纵筋布置

2.5　压板槽设计要点

压板槽的作用就是利用螺栓、螺母和压板，通过压板槽将模具固定到压力机的工作台面或滑块上。

2.5.1　压板槽数量设计要点

（1）压板槽的数量

压板槽的数量应根据模具的大小来确定，参考表 2-6。

表 2-6　压板槽的数量

模具长度/mm ＼ 压板槽数量	下模压板槽	上模压板槽
≤1000	2×2	2×2
1001～1600	2×2	2×3
1601～3600	2×3	2×4
＞3600	2×4	2×4

(2) 压板槽数量其他要求

① 上、下模压板槽数量至少应设 4 个。

② 从安全角度考虑，上模压板槽的数量不少于下模压板槽的数量。

2.5.2　压板槽结构及位置设计要点

(1) 压板槽的基本结构

压板槽的基本结构尺寸如图 2-48 所示。

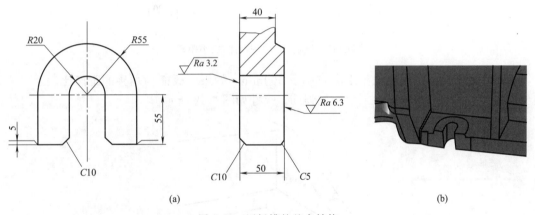

图 2-48　压板槽的基本结构

(2) 上、下模压板槽的位置

上、下模压板槽的位置应与压力机工作台 T 形槽的位置一致。压板槽之间的距离要合理，确保模具能安全、有效地紧固在冲压设备的上、下工作台上。

(3) 上、下模压板槽的布置

如图 2-49 所示为常见中型模具上、下模压板槽布置略图。从图中可以看出，上模设有 8 个压板槽，下模设有 6 个压板槽；如图 2-50 所示为常见大型模具上、下模压板槽布置略图。从图中可以看出，上模设有 12 个压板槽，下模设有 10 个压板槽。

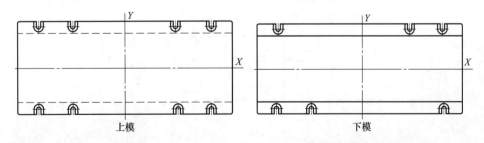

图 2-49　常见中型模具上、下模压板槽布置略图

压板槽与加强筋的最小距离如图 2-51（a）和（b）所示。

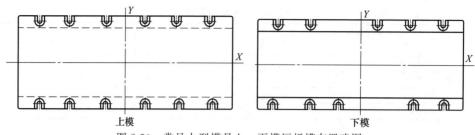

图 2-50　常见大型模具上、下模压板槽布置略图

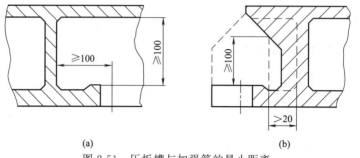

(a)　　　　　　　　　(b)

图 2-51　压板槽与加强筋的最小距离

　　模具两侧压板槽距模具端头距离应小于 500mm。如果压板槽与端头的距离比较近，为了避免模具在搬运时损伤，则必须设置加强筋，尺寸如图 2-52 所示。

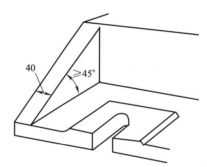

图 2-52　压板槽与端头的距离比较近时应设置加强筋

（4）确保压板槽的紧固空间

压板槽与紧固扳手的空间尺寸，如图 2-53 所示。

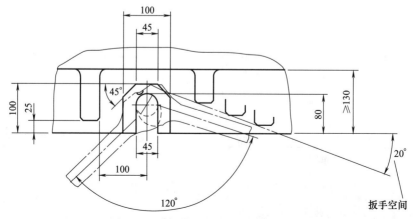

图 2-53　压板槽与紧固扳手的空间尺寸

2.6 起吊构件设计要点

汽车覆盖件模具在加工、维修及生产、试模等过程中，经常需要整体吊起及搬运。在上、下模设计时必须考虑起吊构件。既要考虑操作安全，还要考虑起吊时有足够的操作空间。常用的覆盖件模具起吊构件有以下几种。

① 横销式吊耳。该类型吊耳与横销式吊棒配合使用，是大、中型模具中广泛采用的一种结构形式，如图 2-54（a）所示。

② 铸造式圆吊耳。该类型吊耳结构简单，一般用在 20000kg 以下、长度在 2000mm 以下的模具，如图 2-54（b）所示。

③ 短规格吊耳（也称板式吊耳）。该吊耳一般在模架上和钢板模上应用较多，如图 2-54（c）所示。

④ 分体铸造式吊耳。该种结构只有 400kg 和 630kg 两种规格，如图 2-54（d）所示。

⑤ 起吊孔和螺纹孔。在小型模具及模具镶块中有应用，而且螺纹孔需要配合起吊螺栓及吊环使用，如图 2-54（e）和（f）所示。

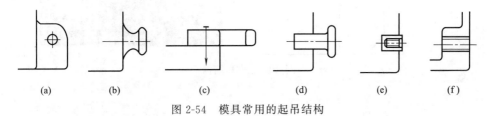

(a)　　　　(b)　　　　(c)　　　　(d)　　　　(e)　　　　(f)

图 2-54　模具常用的起吊结构

上、下模起吊一般采用吊耳或铸入式吊棒，吊耳结构用于质量大的模具，铸入式吊棒则多用于中小型模具。

2.6.1 吊耳与吊棒设计要点

(1) 吊耳的设计要点
① 吊耳的结构。模具上的吊耳结构如图 2-55 所示，具体尺寸见表 2-7。

表 2-7　吊耳具体尺寸　　　　　　　　　　　　　　mm

模具质量/kg	D	S	E_1	E_2	H	B_1	B_2	R_1
6400	62	40	65	55	60	140	50	16
10000	74	50	80	65	70	180	63	20
16000	84	60	100	85	80	220		32
25000	100	80	125	100	120	280	80	40
36000				125	150			60
50000	114	100	160	170	180	340		80
63000				190	220		100	

注：尺寸 D 是没有衬套的内径尺寸。

② 吊耳的布置。汽车覆盖件模具的上、下模座都设计吊耳，一般为四个，布置于模具的前方和后方，位置在四个角上，如图 2-56 所示。

(2) 吊棒的设计要点
① 吊棒的结构　吊棒的结构如图 2-57 所示，其尺寸规格见表 2-8。

② 吊棒的材料　吊棒的材料为 45 或 42CrMoS4，热处理硬度 40～45HRC。

(3) 模具吊耳和吊棒应用
模具吊耳与吊棒的应用如图 2-58 所示。

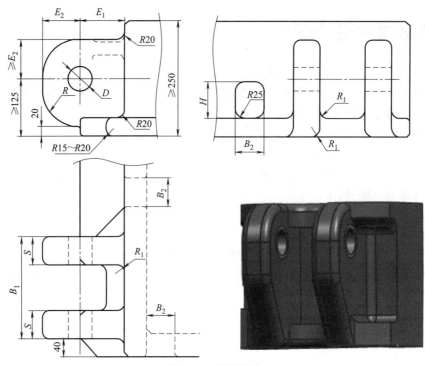

图 2-55　吊耳结构

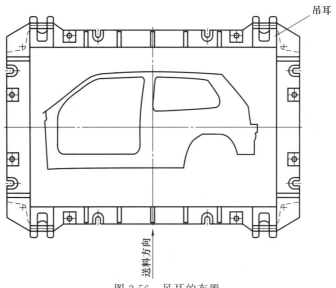

图 2-56　吊耳的布置

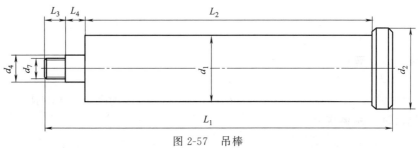

图 2-57　吊棒

表 2-8 吊棒结构尺寸　　mm

承受重量/kg	d_1(h11)	d_2	d_4(h11)	d_7	L_1 +1.0	L_2 +1.0	L_3 +0.2	L_4 +0.2
≤3200	32	40	M10	M10	190	160	10	10
≤5000	40	50	M12	M12	225	188	13	14
≤8000	50	60	M16	M16	273	230	15	17
≤12500	63	75	M24	M24	347	295	20	18
≤31500	76	95	M36	M36	402	340	27	20

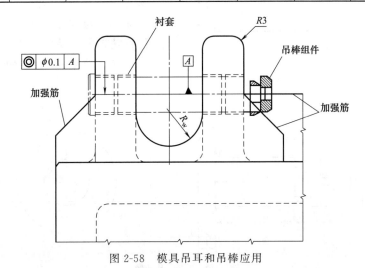

图 2-58 模具吊耳和吊棒应用

① 吊棒总是从外侧向模具中心线方向插入。

② 生产时，上模不能有吊棒。

③ 所有与起吊钢丝绳接触的棱角均需要按规定倒圆角。

④ 吊棒直径的大小应按照 2 根吊棒能吊起模具或使模具翻转设计。在生产时如果考虑模具两层叠放吊运，需要按叠放模具最大重量考虑相应的结构设计。

⑤ 长度大于 2000mm 的大中型模具，一般均采用加强结构的吊耳形式。

⑥ 吊耳的高度位置一般要求吊棒设计在上（下）模的高度中间位置。

⑦ 压料板或镶块的起吊需考虑受力的平衡。

2.6.2 整体式吊棒设计要点

(1) 整体式吊棒的结构

整体式吊棒是与模座铸造成为一个整体的吊棒结构。整体式吊棒结构如图 2-59 所示，具体尺寸见表 2-9。

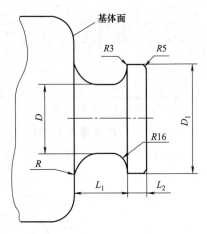

图 2-59 整体式吊棒

表 2-9 整体式吊棒尺寸　　mm

模具质量/kg	D	D_1	L_1	L_2	R
3200	50	80	36	13	20
5000	63	100	40	16	20
8000	80	140	50	20	32
12600	100	160	56	25	32
16000	125	185	63	25	32
20000	140	200	71	30	40

图 2-60 整体式吊棒的布置

（2）**整体式吊棒的布置**

整体式吊棒主要应用于总质量在 20000kg 以下的覆盖件模具。在模具的端面上布置 4 个，如图 2-60 所示。

2.6.3 铸入式吊棒设计要点

铸入式吊棒是铸入模具铸件本体的，在制作泡沫实型时要在本体中做出吊棒孔。

（1）**铸入式吊棒的结构**

铸入式吊棒结构如图 2-61 所示，具体尺寸见表 2-10。

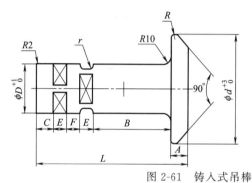

图 2-61 铸入式吊棒

表 2-10 铸入式吊棒尺寸 mm

D	d	D_1	L	L_1	A	B	C	E	F	G	R	r	单个承重/t
42	90	110	140	80	15	75	20	10	10	32	4	1	0.7
50	110	130	175	100	20	90	20	15	15	40	5	2	1.2
60	120	160	205	120	20	110	20	15	25	50	5	2	2.5
70	130	180	230	140	25	115	25	20	25	55	5	2	5.0
80	130	210	250	160	25	125	25	20	35	65	5	2	7.0
90	140	240	270	180	25	135	25	25	35	75	5	2	10.0

注：D 为铸入式吊棒铸入部分的直径，吊索滑动部位倒角 $R20$mm，L_1 为铸入深度。

（2）**铸入式吊棒镶入处结构**

铸入式吊棒镶入处结构如图 2-62 所示，外面露出部分长度 $L_0 = L - A - L_1$（mm）。

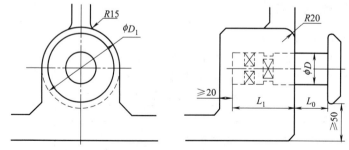

图 2-62 铸入式吊棒镶入处结构

（3）**铸入式吊棒材料**

铸入式吊棒的材料为 45 或 Q235A。

2.7　设计、加工及安装基准设计要点

2.7.1　设计基准点设定设计要点

(1)　基准点的设定

① 基准点设定在产品坐标线的交点上。

② 模具设计时，必须用该基准点指示零件的位置与模具的关系。

③ 所有工序的基准点必须统一。

(2)　标记方法

① 没有旋转时，其标记如图 2-63 所示，标记方法如下：

a. 首先画坐标线。

b. 标注坐标线尺寸。

c. 指出下一条坐标线的方向。

d. 标记基准点。

② 有 1 次旋转时，其标记如图 2-64 所示，标记方法如下：

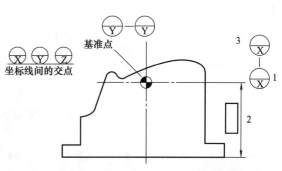

图 2-63　没有旋转时基准点的标记

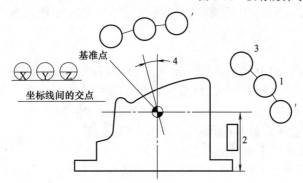

图 2-64　有 1 次旋转时基准点的标记

a. 首先画坐标线。

b. 标注坐标线尺寸。

c. 指出下一条坐标线的方向。

d. 标记旋转角度。

③ 有 2 次旋转时，其标记方法如图 2-65 所示。

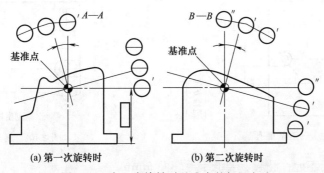

(a) 第一次旋转时　　　　(b) 第二次旋转时

图 2-65　有 2 次旋转时基准点的标记方法

2.7.2 加工基准设计要点

汽车覆盖件模具常见的加工基准有基准面、基准孔（三销基准孔和安装用基准孔）和中心键槽三种。

（1）基准面

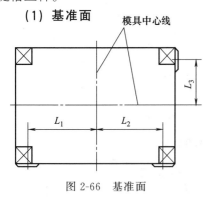

图 2-66 基准面

如图 2-66 所示，基准面共设置四组，每组分上、下平面，对应的上、下平面位置可以错开，大小也可以不一样。其设计要点如下。

① 基准面设置在模具零件的两个侧面的非工作部分上，两侧的基准面应相互垂直。对于装在其他零件内部的模具零件，可利用导板安装面来作为基准面，或将非工作部分铣出几处小平面来作基准面而不另外设置凸起的基准面。

② 同一副模具的上、下零件，基准面的方位应一致（如同按模具的正面和左面设置），以方便同时加工安装找正。

③ 尺寸 L_1、L_2 和 L_3 应尽可能大一些，而且 L_3 应为 L_1 的 70％以上，以便安装找正时保证平行度要求。

④ 基准面加工完后，应将距离模具中心线的实际尺寸标记在基准面上（使用打标机或钢字）。

（2）三销基准孔

三销基准孔的大小为 $\phi 10H7$，深 25mm，一般设置在模具中心线上，也可以设置在坐标线上。左右对称各一个，出料侧一个，如图 2-67 所示。特殊情况允许采用同轴线等距两销。

三销基准孔尽量设置在上、下模座最高处，以便保证数控加工时便于对中。大型铸件如果分块加工，原则上都要求设计基准孔。其设计要点是：

① 基准孔应设置在有效工作面范围之内。

② 尽可能在等高面上，也可以在不等高面上将基准孔周围 $\phi 25$ 区域锪平。

③ 尽可能使 $L_1＝L_2$。

④ L_1、L_2 和 L_3 尽可能大些。

⑤ 基准孔加工完后，应将距离模具中心的实际坐标值标记在加工面上（使用打标机或钢字），即 X、Y、Z 坐标值。刻坐标值区域如图 2-68 所示。

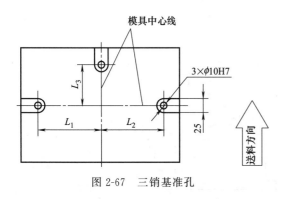

图 2-67 三销基准孔

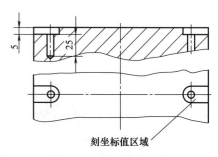

图 2-68 刻坐标值区域

⑥ 三销基准孔面不允许凸起，要低于毛坯面 5mm。

(3) 安装用基准孔

① 定位销和基准孔配合使用，可以用于较大模具组件之间零件的定位，也可用于模具加工时在机床上的定位。定位销的结构如图2-69所示，其尺寸见表2-11。

定位销的应用在很多场合可以替代键。例如，凸模与凸模座之间的定位，分体式凹模与凹模座的定位，压边圈与压边圈座的定位等。

定位销的材料为16MnCr5，热处理硬度58～62HRC。

② 基准孔原则上力求对称布置在模具长的轴线上（模具中心）或单个零件的轴线上，且靠外布置。

③ 有两种规格的基准孔可以选用，即$\phi22$H7—小模具零件（长＜600mm）；$\phi40$H7—大模具零件，对应的长圆孔长度分别为22.4mm和40.4mm。

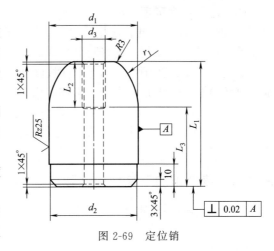

图2-69 定位销

表2-11 定位销尺寸   mm

序号	d_1(h6)	d_2(−0.05)	d_3	L_1	L_2	L_3	r_1
1	22	21	M8	45	16	35	15
2				55		45	
3	40	39	M10	55	20	35	25
4				65		45	

(4) 中心键槽

考虑模具加工时安装的定位，要求设计中心键，而中心键槽设在上、下模座上，且其中心线与压力机中心线重合，如图2-70所示。

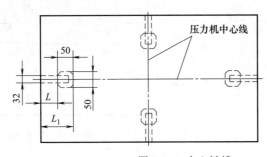

图2-70 中心键槽

在图2-70中，L为中心键槽的有效定位长度，不小于60mm；L_1为中心键槽的长度，等于100mm，规格有多种，多为企业标准。

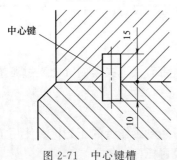

图2-71 中心键槽

修边凸模的装配或加工定位也可以采用中心键的形式，设计三边即可，同时要求使用定位销。

翻边整形凸模要求采用靠背或键形式定位，同时要求使用定位销。定位销规格有多种，多为企业标准。

后工序模具使用中心键的规格工序比前工序的规格要大一个数量级。

后工序模具中心键槽固定部分深度10mm，上部避开部分深度15mm，如图2-71所示。

（5）选用注意事项

① 基准面设置方便，应用比较广泛，特别对有些模具零件不适宜采用基准孔，更是如此。缺点是在模具设计变更、返修时（如果此时又安装了导柱等），使用基准面不太方便。

② 基准孔比较精确，但是在使用过程中切屑和灰尘等杂物容易将基准孔堵塞，也容易因水（或环境湿度大等）而生锈，影响使用。

③ 中心键槽的设计主要考虑模具加工时安装的定位。

④ 基准面、基准孔和中心键各有利弊，选用时应根据具体模具零件情况而确定，也可以两两同时采用。

2.7.3 铸件粗加工基准设计要点

① 模具中心线及使用压力机位置的 V 形槽结构形式，如图 2-72 所示。

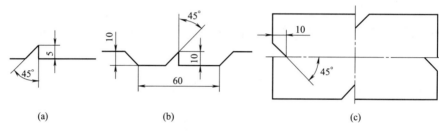

图 2-72　V 形槽

② 模具各主要部件（上、下模座，压料板和压边圈等）在模具中心线处工艺需要数控加工定位用键槽。键槽形状不画出，但应画出加强结构；用户要求用键定位时，画出键槽形状（键槽长度为 100mm），如图 2-73 所示。

③ 距离底面 100mm 位置的 V 形刻线，如图 2-74 所示。

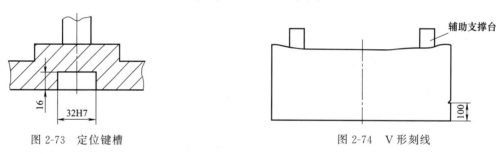

图 2-73　定位键槽　　　　　　　　　　图 2-74　V 形刻线

2.7.4 安装定位基准与结构设计要点

（1）模具安装定位基准的结构形式和尺寸

模具安装定位基准的结构形式和尺寸应根据使用厂家的具体要求设置，不同厂家的使用习惯各不相同；对不同压机，其尺寸要求也不相同。

（2）模具安装定位基准的位置

一般来说，只需要在下模座上设置安装定位基准，如果压机带有快速夹紧的（上）过渡垫板，则需要同时在上、下模座上都设置安装定位基准。

（3）模具安装定位基准的形式

模具安装基准采用定位键、定位销及托杆定位三种形式。带活动工作台的压力机，使用定位键槽或定位销孔方便；而需要使用托杆的模具，应尽可能地设置托杆定位。

（4）定位结构

① 定位键定位　利用安放在压力机中心槽内的定位键定位，如图 2-75 和图 2-76 所示。

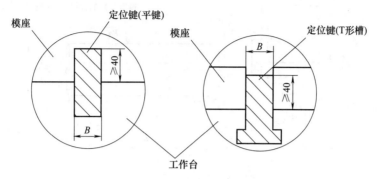

图 2-75　定位键定位

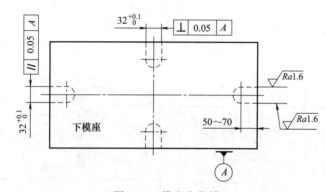

图 2-76　模座定位槽

② 定位销定位　利用安放在压力机托杆内的定位销定位，如图 2-77 所示。

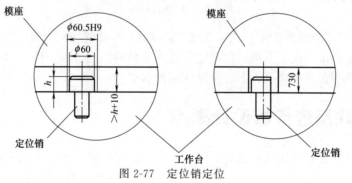

图 2-77　定位销定位

③ 模具安装定位销

a. 模具安装定位销的结构如图 2-78 所示，其尺寸见表 2-12。

表 2-12　装模定位销的尺寸　　　　　　　　　　　　　　mm

序号	$d_{1-0.1}$	L_1	$L_{2-0.5}$	毛坯尺寸
1	40			
2	52			
3	50	188	120	$\phi70\times190$
4	36			
5	40	149	69	$\phi70\times151$

注：d_1 是根据不同压力机参数选择的。

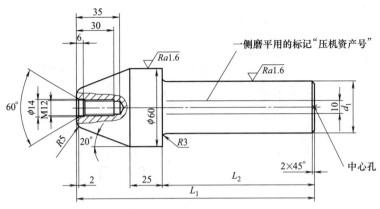

图 2-78　模具安装定位销

　　b. 模具装模定位销的材质为 20MnCr5，热处理硬度 58～62HRC。

　　④ 托杆定位　托杆定位的作法是在模具下模座上设置定位孔，它的位置与托杆孔相对应，一般设置在模具的后侧或左右侧。目前国内模具厂采用较多的两种结构形式如图 2-79 所示。

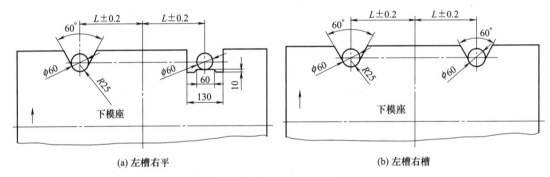

(a) 左槽右平　　　　　　　　　　　　**(b) 左槽右槽**

图 2-79　模具托杆定位

　　图 2-79 （a） 所示为左槽右平形式，图 2-79 （b） 所示为左槽右槽形式，箭头表示送料方向。装模时，将定位销插入压力机工作台定位孔内，再将模具推入，待下模座上的定位孔与定位销吻合时，模具便正确定位了，上、下模压板槽的位置也会与工作台 T 形槽一致。

2.8　限位块及连接板设计要点

　　当模具到位（拉延、修边及翻边等）后，此时冲压过程已完成，为了不损伤模具而采用的

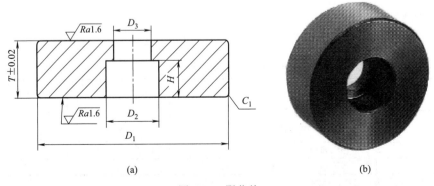

(a)　　　　　　　　　　　　　　　　　(b)

图 2-80　限位块

一种保护措施，其中之一便是使用（行程）限位块；而在模具的运输及存放时，要求所有模具必须有连接板。

2.8.1　限位块设计要点

（1）限位块的结构

限位块的结构形式如图2-80所示，其尺寸规格见表2-13。

表2-13　限位块尺寸规格　　　　　　　　　　　mm

序号　符号	D_1	D_2	D_3	T	H	颜色	螺钉规格
1	40	17.5	11.5	20	12	红色	M10×20
				30	14		M10×30
2	50	17.5	11.5	20	12		M10×20
				30	14		M10×30
3	60	17.5	11.5	20	12	黄色	M10×20
				30	14		M10×30
				40	20		M10×35
				50	25		M10×40
4	70	20	13.5	20	12	正常	M12×20
				30	14		M12×30
				40	20		M12×35
				50	25		M12×40

规格中T应根据设计行程确定，保证模具在存放状态下弹性元件不被压缩为标准。

（2）限位块的布置

限位块一般布置在模具的四个角上，最少布置4个。在手动生产时，限位块需要考虑工序件的放入和取出的方便性，不得高于形面。限位块如果作调压块使用，如图2-81所示，其间距见表2-14。

表2-14　作调压块使用的限位块间距　　　mm

模具长度	设计间距	螺钉规格
～2500	200	M12×35
2501～3200	300	M12×35
≥3201	400～600	M12×55

（3）材料及表面处理

限位块一般用45钢制作，表面使用四氧化三铁处理，形成保护膜。

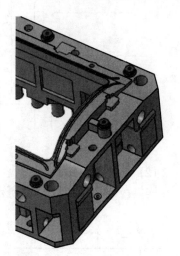

图2-81　作调压块使用的限位块

（4）对限位块的要求

① 必须保证80％的面积相接触；

② 限位块下的垫片不超过两片；

③ 限位块下垫片必须为略小于限位块，安装后垫片边缘不超出限位块的外边缘；

④ 对限位块编号防错；

⑤ 限位块下应为实心体或加强筋；

⑥ 拉延模一般不设计限位块，多采用平衡块，安装在上模座与压边圈之间。后序模具原则上必须设计限位块。

2.8.2 连接板设计要点

连接板的作用是在存放模具时，连接板将上、下模拉住；而在模具运输时，连接板能将上、下模固定在一起。连接板也称为运输连接板。

连接板设置在模具的左右两侧，数量为 4 个（左右各两个），它的宽度一般为 50mm，厚度为 10mm，材料为 Q235A。

（1）连接板的长度

连接板的长度取决于其上、下两头用螺钉固定的位置。也可以参考下式计算：

$$L = L_1 + 40 + 40 + S + 20 \qquad (2\text{-}1)$$

式中，S 是指压料板或其他与模具有相对运动行程部件的行程，取最大值，其他符号的意义如图 2-82 所示。

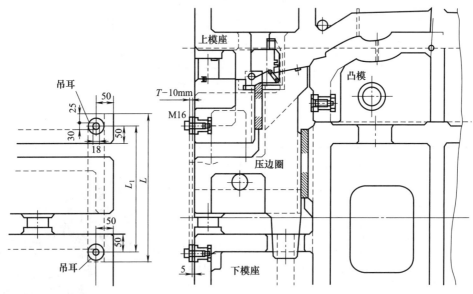

图 2-82　连接板设计要求

（2）连接板的结构

连接板的结构如图 2-83 所示，其尺寸参数见表 2-15。

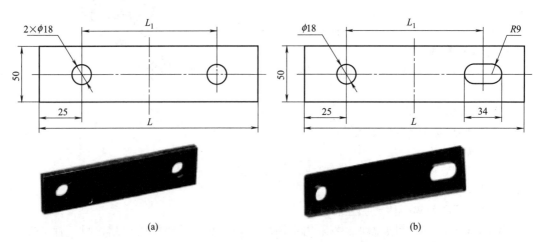

图 2-83　运输连接板

表 2-15　连接板的尺寸参数 mm

L	L_1	厚度
200	120 125 130 135 140 145 150	
250	170 175 180 185 190 195 200	
300	220 225 230 235 240 245 250	10
350	270 275 280 285 290 295 300	
400	320 325 330 335 340 345 350	

第3章

汽车覆盖件拉延模具设计要点

现代汽车覆盖件的冲压加工，一般通常使用拉延工序得到所需要的制件形状。而保证覆盖件拉延的可能性和可靠性，拉延模具至关重要。如图 3-1 所示的是某轿车尾门上盖拉延模具。

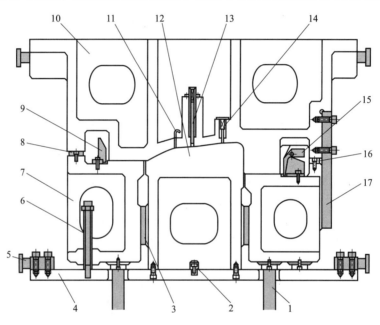

图 3-1 某轿车尾门上盖拉延模具

1—托杆；2—定位销；3—自润滑导板；4—下垫板；5—吊耳；6—行程限位螺栓；7—压边圈；
8—限位块；9—材料导正架；10—上模座（凹模）；11—通气管；12—拉延凸模；13—预压销组件；
14—退料销组件；15—投入检测开关；16—限位块；17—外导板

汽车覆盖件拉延模具简称 DR，它往往不是单纯的拉延，而是拉延、弯曲及胀形等复合成形。覆盖件拉延时通常变形不均匀，起皱与拉裂是主要的质量缺陷。为了顺利完成拉延，常采用增加工艺补充面和拉延筋等措施控制其变形。因此，拉延工序为关键成形工序，而拉延模具设计的质量，直接影响覆盖件的产品质量。

(1) 拉延模具与拉深（或拉伸）模具的区别

① 拉延是利用模具将平板毛坯或工序件变为曲面形状的一种冲压工序，而曲面主要依靠位于凸模底部及压边圈上部的材料延伸形成；而拉深（或拉伸）是利用模具将冲裁（或裁剪）完成的平板毛坯压制成各种开口的空心制件，或将已制成的开口空心工序件加工成其他形状空心制件的一种冲压工序。拉深（或拉伸）制件的底部一般是平的。

② 用拉深（或拉伸）工艺可以成形圆筒形、阶梯形、球形、锥形、抛物线形等旋转体零

件，也可成形盒形等非旋转体零件。

(2) 拉延模具的设计流程

如图 3-2 所示为拉延模具的设计流程示意图。如今模具行业均是以 3D 数字模型为中心，从模具 CAD 设计、有限元 CAE 模拟分析、模具 CNC 加工，到模具的 CMM（三坐标）检测等都完全基于这些 3D 数字模型的传递，从而避免了由于二维图纸（2D）传递几何信息的不准确性，使最终生产的零件与设计者的意图保持高度一致。

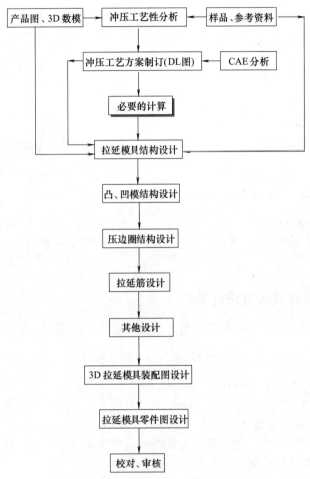

图 3-2　拉延模具设计流程示意图

在实际模具设计过程中，上述的拉延模具设计流程并没有严格的先后顺序，这些步骤（或过程）往往是交错进行的。

3.1　整体结构设计要点

根据覆盖件的尺寸大小和所使用冲压设备的不同，汽车覆盖件拉延模具分为正装拉延模具（双动拉延模具）和倒装拉延模具（单动拉延模具）两大类。

正装拉延模具一般使用双动压力机。凸模通过上模座安装在上工作台面的内滑块上，凹模安装在下工作台面上，压边圈安装在外滑块上，凸模与压边圈之间采用导板导向。正装拉延模具适用于形状复杂、深度较大的汽车覆盖件的拉延，如图 3-3 所示。

倒装拉延模具一般使用单动压力机。凸模安装在下工作台面上，凹模通过上模座安装在上工作台面上，压边圈安装在下模座上，由压力机下部气垫通过顶杆对压边圈施加压力。该结构适用于浅拉延或形状基本对称的汽车覆盖件，如图 3-4 所示。

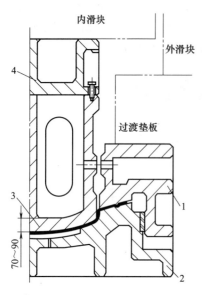

图 3-3 正装拉延模具

1—压边圈；2—凹模；3—凸模；4—上模座

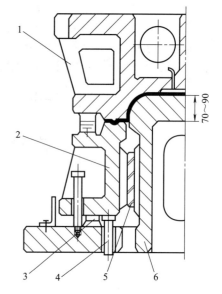

图 3-4 倒装拉延模具

1—凹模（上模座）；2—压边圈；3—调整垫块；
4—顶杆腿；5—导板；6—凸模

3.1.1 各主要部分高度尺寸设计要点

模具的闭合高度应介于压力机的最大封闭高度和最小封闭高度之间，即

$$H_{\min}-H_1 \leqslant H_{\mathrm{m}} \leqslant H_{\max}-H_1 \tag{3-1}$$

式中 H_{m}——模具闭合高度，mm；

$H_{\min}$——压力机的最小封闭高度，mm；

$H_{\max}$——压力机的最大封闭高度，mm。

汽车覆盖件多是成线生产，为了避免在更换模具时频繁调整压力机闭合高度，增加换模工作量，要求生产线上的模具的闭合高度基本一致。

汽车覆盖件拉延模具从上到下分别是凹模、压边圈和凸模（使用单动压力机）。在闭合高度确定的情况下，首先保证各部分强度满足使用要求，再合理设计模具各部分的高度。

汽车覆盖件模具型面比较复杂，为了尺寸标注方便，必须有尺寸标注的基准。以模具高度基准线来标注高度尺寸，该处高度值为 Z0（即坐标 Z 的值为 0），模具高度基准线相当于模具中心 X 轴，它通过数模基准点，即模具中心。

图 3-5 所示的为某车型顶盖前横梁制件拉延模具各部分高度尺寸。凸模的高度设计是指下模底部非加工大平面的高度尺寸的确定，它影响下模起吊的安装高度，图示是 170mm。压边圈的高度主要取决于型面的高度差，而型面的高度差决定了压边圈的上下运动行程，即压边圈的导向行程。根据零件形状，拉延模具下模压边圈顶起行程定为 40mm。本例中压边圈底部非加工大平面到高度基准线的距离为 260mm。确定凹模的高度时主要考虑最薄处厚度、端头高度等，本例中凹模顶部到模具高度基准线的距离为 280mm。假设高度基准线处 Z=0，经过高度调整后，上模顶部高度坐标为 Z280，下模底部高度坐标为 Z−470。这里 Z280 表示坐标 Z 值为 280mm，Z−470 表示坐标 Z 值为−470mm。

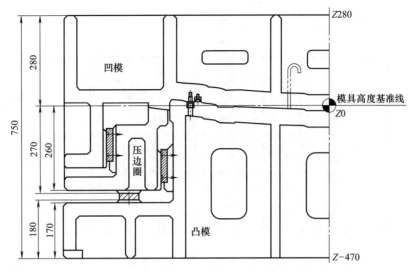

图 3-5　某车型顶盖前横梁件制拉延模具各部分高度尺寸

3.1.2　长度和宽度尺寸设计要点

拉延模具长度和宽度尺寸主要由板料线尺寸来确定。如图 3-6 所示，拉延模具的长度尺寸 L 应考虑到型面长度 L_1、X 向压边圈上平衡块和定位器布置区域长度 L_2 以及模具端头长度 L_3 三部分；拉延模具的宽度尺寸 L 要考虑到型面长度 W_1、Y 向压边圈上平衡块和定位器布置区域宽度 W_2 以及前后压板槽宽度 W_3 三部分。

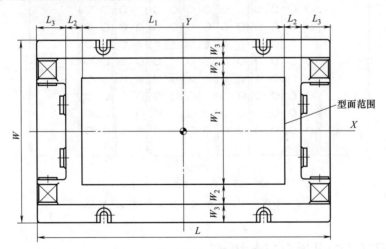

图 3-6　拉延模具下模布置简图

3.1.3　有偏心结构设计要点

通常情况下，冲压模具压力中心是与压力机中心重合的。在拉延模具设计中，有时会出现模具压力中心是与压力机中心不重合的情况，也就是偏心现象。设计拉延模具时，顶杆孔应尽量靠近分模线，为此会出现模具压力中心与压力机中心不重合的情况。在这种情况下，要注意压板槽的位置应与压力机中心一致，Y 向可以偏心，X 向一般不偏心，避免压板槽布置出错。

如图 3-7 所示是工作台中心与模具中心重合时的顶杆布置图，涂黑部分为选用的顶杆，图中顶杆孔为 $\phi 60mm$。

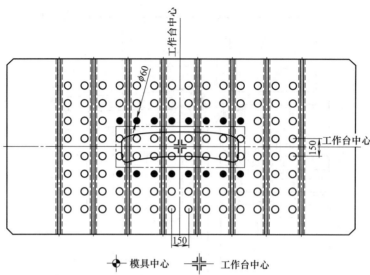

图 3-7　工作台中心与模具中心重合时的顶杆布置图

如图 3-8 所示是工作台中心与模具中心偏心时的顶杆布置图，经过调整，压力机中心与模具压力中心在 Y 向相差 60mm，即偏心 60mm，并选用最靠近分模线的顶杆，如涂黑部分所示。这些顶杆到分模线的距离较近，符合顶杆布置的原则。

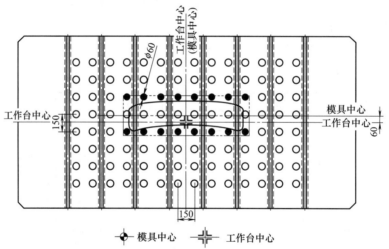

图 3-8　工作台中心与模具中心偏心时的顶杆布置图

3.2　主要工作部件设计要点

汽车覆盖件拉延模具主要工作部件为凸模、凹模与压边圈，其材料多为合金铸铁或工具钢。

覆盖件拉延模具主要工作部件常用材料有 MoCr 铸铁、GM241、GM26（日本的合金铸铁，相当于我国的 MoCr 铸铁）和 QT600-3 等。

为了降低模具制造费用，应尽可能选用国产材料。

3.2.1　凸模设计要点

对于汽车覆盖件来说，凸模是拉延的主要成形部分。除工艺上的特殊要求外（如翻边的展开或工艺补充等），其轮廓尺寸和深度即为产品图内表面尺寸（如果采用多次拉延，那么最后一次拉延的凸模尺寸即为产品要求的内表面尺寸）。工作部分加强筋的厚度应为 70～90mm，为了减少加工量，保证凸模轮廓尺寸，缩短整修时间，在凸模上沿压料面有一段 40～80mm 的直壁必须加工，直壁向上采用 45°斜面过渡，缩小距离为 15～40mm 是不加工面，如图 3-9 所示。

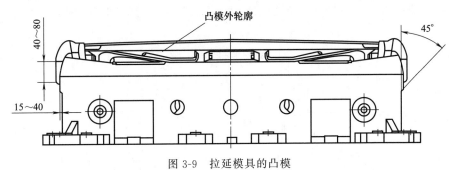

图 3-9　拉延模具的凸模

(1) 拉延凸模的结构形式

① 整体式结构。整体式的拉延凸模是与下模座合二为一，整体铸造，材料为 MoCr 铸铁。一般情况下采用整体式结构。

② 镶块式结构。考虑调整、改型等有设计变更可能性时，需要采用镶块结构。

镶块式结构是将凸模与下模座分开铸造，凸模材料为 MoCr 铸铁，下模座材料为 HT300。

另外，在模具制造过程中，当遇到非常情况时（如设备加工范围限制等），也需要采用镶块。其分割位置为镶块面必须与压边圈上平面齐平，如图 3-10 所示。

图 3-10　拉延凸模镶块的分割位置

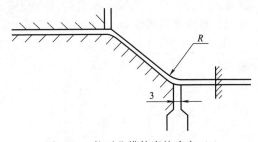

图 3-11　拉延凸模轮廓的确定（1）

a. 采用镶块结构的原则

◇当材料流动量大或压缩性法兰成形部位等要求形面耐磨损时；

◇要进行特殊表面处理时（如氮化、涂镀等）；

◇材料厚度 $t \geqslant 1.5mm$ 且是高强度钢板拉延时。

b. 镶块分块的要求

◇不能同材料的流动方向相平行；

◇顶端部强度不能减弱（75°以上）；

◇应考虑热处理的方便。

c. 镶块配入方式

◇键配入式镶块；

◇直接配入窝座。

注意：优先采用键配入式镶块，而直接配入窝座方式不使用键。

d. 固定方式

◇从上向下固定；

◇从下向上固定。

注意：镶块成形部分不应开有螺栓孔及定位销孔。凹模镶块可以使用垫片调节。

（2）拉延凸模轮廓的确定

① 一般情况下，取拉延件侧壁与压料面的交线，如图 3-11 所示。

② 拉延件侧壁为垂直面时，为防止轮廓加工伤及侧壁，轮廓向外（或向内）移 2mm，如图 3-12 所示。

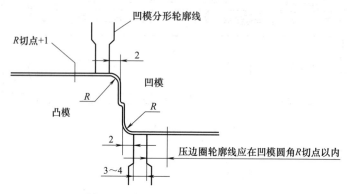

图 3-12　拉延凸模轮廓的确定（2）

3.2.2　凹模设计要点

凹模的作用是形成凹模压料面、凹模圆角和凹模型腔。拉延毛坯在凸模的作用下，通过凹模圆角逐步进入凹模内腔，直至拉延成凸模的形状。凹模尺寸即为产品要求的外表面尺寸。

（1）凹模压料面设计

凹模按拉延件压料面设计，凹模压料面有平面和曲面两种形式。平面压料面制造容易，而曲面压料面可减少拉延深度。

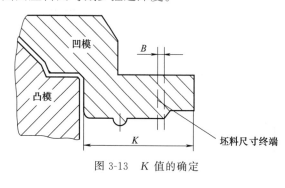

图 3-13　K 值的确定

（2）凹模压料面宽度尺寸的确定

如图 3-13 所示，坯料展开明确时，B 值取 20mm；坯料展开不明确时，B 值取 40～60mm。K 值的确定应按拉延前毛坯的展开宽度加上 20mm 或 40～60mm，因此，K 值一般在 130～240mm 之间。

（3）凹模圆角的确定

一般情况下，凹模圆角按下式计算：

$$R_{凹}＝(6～10)t \qquad (3-2)$$

式中　t——板料厚度，mm。

当凹模圆角处于工艺补充部分上时，根据常用汽车覆盖件板料厚度，取 6～10mm。当压料面是汽车覆盖件本身凸缘一部分时，则凹模圆角就是汽车覆盖件要求的圆角半径。如果汽车覆盖件要求圆角半径过小，影响拉延变形时，则适当加大到合适数值，用后续的工序整形圆角也能达到要求的数值。

由于拉延件上有装饰线条、加强筋和装配用凸包、凹坑等特征，因此凹模结构除压料面、凹模圆角外，在凹模里安装的成形用的凸模或凹模，也属于凹模结构的一部分。

（4）凹模结构形式

① 闭口式凹模结构。凹模底部是封闭的凹模结构，称为闭口式凹模结构。在拉延模中，

绝大多数都是闭口式凹模结构，如图 3-14
所示。

② 通口式凹模结构。凹模底部是直通的
凹模结构，称为通口式凹模结构。凹模型腔内
安装有成形用凹模芯，直接安装在模座上。倒
装拉延也适用于这种结构，如图 3-15 所示。

(5) 凹模主筋结构

如图 3-16 所示，两条铸件立筋的距离应
为一个立筋厚度的 8 倍，凸模外侧边界距离立
筋的距离应大于 10mm。

(6) 凹模挖空结构

对于汽车外覆盖件，凹模挖空结构如图
3-17所示；对于汽车内覆盖件，凹模挖空结构如图 3-18 所示。

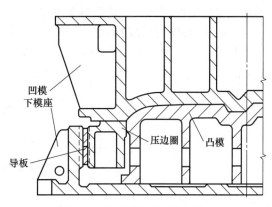

图 3-14 闭口式凹模结构示意图

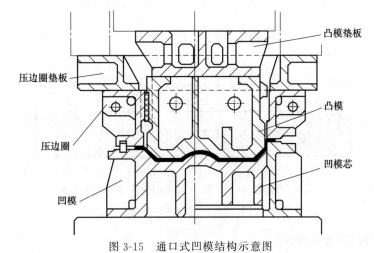

图 3-15 通口式凹模结构示意图

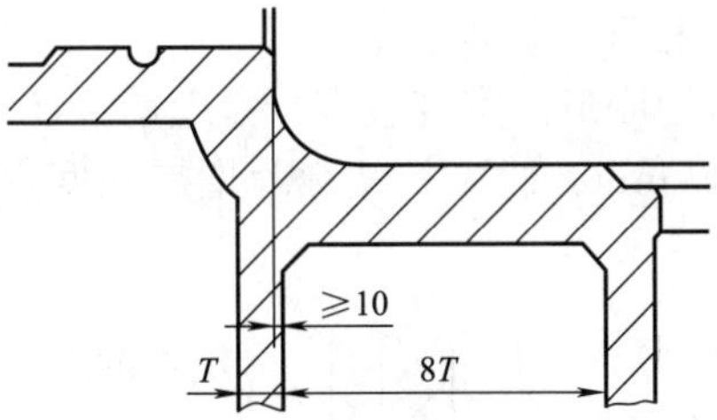

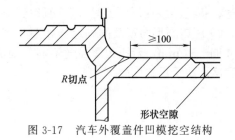

图 3-16 凹模主筋结构

图 3-17 汽车外覆盖件凹模挖空结构

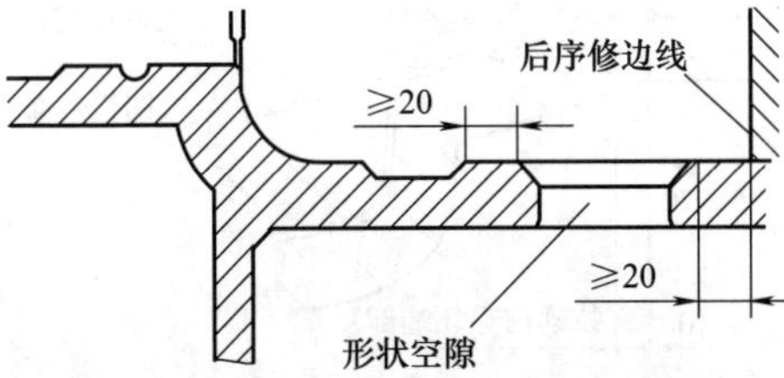

图 3-18 汽车内覆盖件凹模挖空结构

注意：拉延凹模尽量设计为整体式。若是分体
式结构，凹模镶块应为可拆卸式；对于板料厚度超
过 1.5 mm 的拉延模具，凹模一般采用拼/镶块
结构。

3.2.3 压边圈设计要点

在拉延模具开始工作时，压边圈压紧板料，对
拉延件的成形起着重要的作用。压边圈内形加工部
分与凸模外形的加工间隙一般为 1.5~2mm，其值与模具大小有关。设计拉延模具的压边圈，

首先要确定拉延件坯料尺寸及压料面宽度。

(1) 拉延件坯料尺寸的确定

① 有拉延筋时坯料尺寸的确定 如图 3-19 所示，一般有拉延时拉延件的坯料尺寸为 $A_1 + A_2 = a_1 + a_2 + 50 + (40 \sim 100)$ mm。

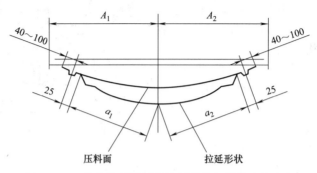

图 3-19 一般有拉延筋时的拉延件的坯料尺寸的确定

② 浅拉延时拉延件坯料尺寸的确定 如图 3-20 所示，浅拉延时拉延的坯料尺寸为 $L + 70$ (mm)。

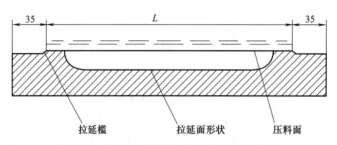

图 3-20 浅拉延时拉延件的坯料尺寸的确定

(2) 压边圈形面宽度的确定

① 基准确定 形面宽度应以距毛坯末端加上 $10 \sim 15$mm 为基准，如图 3-21 所示。此时应注意，将毛坯放在形面上时，形面形状不一定与毛坯形状相同。

② 压边圈形面宽度的确定 如图 3-22 所示，一般压边圈形面宽度应等于拉延前毛坯端部尺寸加上 10mm。若压边圈强度不够，则需要加上 $30 \sim 70$mm，此段长度称为增加强度宽度，其宽度取决于压边圈强度。

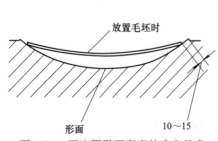

图 3-21 压边圈形面宽度的确定基准

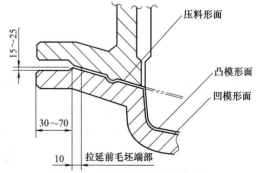

图 3-22 压边圈形面宽度的确定

(3) 压料面结构尺寸的确定

压边圈的压料面按拉延件压料面设计，压料面有平面和曲面两种形式。平面压料面压料面积大，曲面压料面增加加工难度。

如图 3-23 所示的是双动拉延模压料面结构尺寸，图 3-24 所示的是单动拉延模压料面结构尺寸。

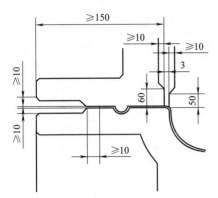

图 3-23　双动拉延模压料面结构尺寸

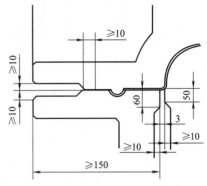

图 3-24　单动拉延模压料面结构尺寸

（4）压边圈结构尺寸的确定

压边圈的结构尺寸如图 3-25 所示。

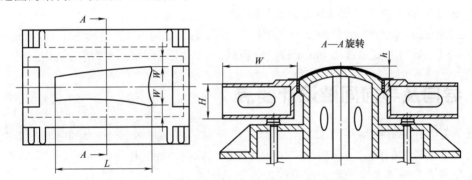

图 3-25　压边圈结构尺寸

① 高度尺寸

$$H \geqslant (0.12 \sim 0.15) \times L + h \tag{3-3}$$

必须保证 $H \geqslant 200$mm。

② 宽度尺寸

$$W \geqslant (0.75 \sim 0.8) \times L + h \tag{3-4}$$

必须保证 $W \geqslant 130$mm。

式中　H——高度尺寸，mm；

　　　L——制件长度尺寸，mm；

　　　h——制件最大拉延深度，mm；

　　　W——宽度尺寸，mm。

③ H、L、h 与 W 的关系见表 3-1。

表 3-1　H、L、h 与 W 的关系　　　　mm

L	h	H_{min}	W_{min}
500～800	～30	150	150
	31～50	180	
	51～80	200	180
	81～130	250	200
	131～200	320	

续表

L	h	H_{min}	W_{min}
801～1000	～50	180	150
	51～80	200	180
	81～130	250	200
	131～200	320	
	201～320	450	320
1001～1600	～50	200	150
	51～80	250	180
	81～130	300	200
	131～200	400	
	201～320	500	320
1601～2000	～50	300	150
	51～80	400	180
	81～130	450	200
	131～200	500	
	201～320	600	320

（5）压边圈工作状态

① 压边圈形面上有产品形状时，压边圈应镦死。

② 压边圈形面上没有产品形状时，压料圈可不镦死，压边圈与下模座墩死块可保留 2mm 间隙。

注意：对于板料厚度超过 1.5mm 的拉延模具，一般压边圈采用拼/镶块结构。

3.3　导向及导向间隙设计要点

在汽车覆盖件模具中用平面部分对模具进行导向的零件称为导板。与其他导向零件相比较，导板能承受较大的侧向力，同时方便加工和钳工修配。而利用导柱与导套配合来对模具进行导向，在覆盖件模具中也是比较常见的。

3.3.1　凸模与压边圈的导向设计要点

凸模与压边圈的导向一般是指凸模外轮廓与压边圈内轮廓的导向。

如图 3-26（a）所示为凸模导板导向结构图。拉延开始时，导向面接触不应小于 50mm，

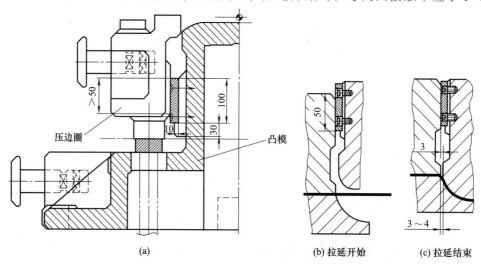

图 3-26　凸模与压边圈的导向

如图 3-26（b）所示；拉延结束时，凸模导板不应脱离导向面，如图 3-26（c）所示。

凸模外轮廓加 3mm 为导板面，凸模外轮廓与压边圈内轮廓之间缝隙为 3～4mm。

① 确定导板的规格和数量。

② 确定导板安装面的位置。

③ 在凸模上加工出导板安装面及背托。背托高度为 30mm，它凸出导板安装面 10mm，工作时不能与压边圈倒滑面干涉。

④ 优点：使模具变小，比较容易保证同凸模的配合精度。

⑤ 缺点：当分体凸模时，需要螺钉、圆柱销固定。因此，当压料圈上加有侧向力时较为不利，加工比外导向困难。

⑥ 生产中常见的几种凸模与压边圈导向结构见表 3-2。

表 3-2　生产中常见的凸模与压边圈导向的结构

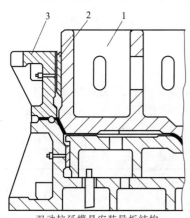

双动拉延模具安装导板结构
1—凸模；2—导板；3—压边圈

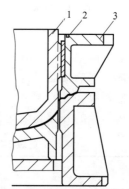

双动拉延模具压边圈安装导板结构
1—凸模；2—导板；3—压边圈

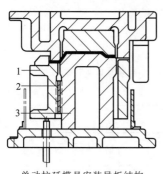

单动拉延模具安装导板结构
1—压边圈；2—导板；3—凸模

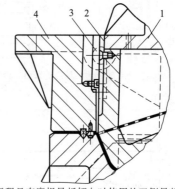

大行程且有磨损导板倾向时使用的双侧导板结构
1—凸模；2—导板（一）；3—导板（二）；4—压边圈

3.3.2　凹模与压边圈的导向设计要点

在拉延模具中，凹模与压边圈的导向称为外导向，比较适合加工细长零件。它的结构就是凸台与凹槽滑配，其作用与一般冲模的导柱、导套的导向相似。为了满足调节压料面的进料阻力，使压料圈支撑面成倾斜的需要，一般冲压模具的导套都安装在上模，而凸台与凹槽的导向，其放置位置应具体分析。

凸台放置在压边圈上，如图 3-27（a）所示，其优点是便于打磨和研磨压料面和拉延筋槽，缺点是不安全，这种结构多用于压料面形状复杂的凹模与压边圈的导向；凸台放置在凹模上，如图 3-27（b）所示。其优点是安全，缺点是调整模具时妨碍打磨修研压料面和拉延筋槽。这种结构多用于压料面形状简单的凹模与压边圈的导向。

如果采用机械人（手）上、下料，则凸台的放置仅取决于压料面形状的复杂程度。

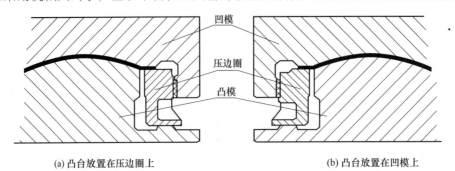

(a) 凸台放置在压边圈上　　　　　　　　(b) 凸台放置在凹模上

图 3-27　凹模与压边圈的导向

注意：为减少磨损，保证间隙，凸台与凹槽上应安装导板。导向面上可考虑一面安装导板，另一面精加工，磨损后可在导板背面加垫板。导板安装在凸台上还是装在凹槽上，与使用无关，主要考虑螺纹底孔的加工方便。现在使用的导板上都加工有沉孔，没有螺纹孔。

生产中几种常见的外导向结构见表 3-3。

表 3-3　生产中几种常见的外导向结构

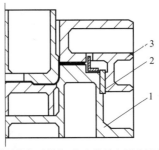

双动拉延模具广泛采用的典型结构，凸台设置在压边圈上，凹槽开在下模上。
1—凹模；2—导板；3—压边圈

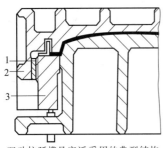

双动拉延模具广泛采用的典型结构
1—导板；2—凹模；3—压边圈

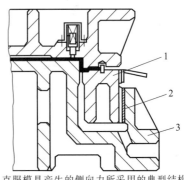

克服模具产生的侧向力所采用的典型结构
1—压边圈；2—导板；3—下模靠背块

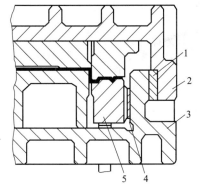

克服不规则曲面产生的侧向力所采用的靠背块导向结构
1—导板;2—上模座;3—下模座;4—导板;5—压边圈

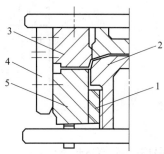

导板固定在上模上与压边圈导向的结构
1—导板;2—凸模;3—上模;4—导板;5—压边圈

3.3.3 凹模（上模）与下模座的导向设计要点

如图 3-28 所示的是凹模（上模）与下模座的导向结构图。其优点是受力好，运动平稳；缺点是模具尺寸较大，模具结构复杂，拉延行程较大时结构实现困难。

压料面产生较大侧向力时采用。

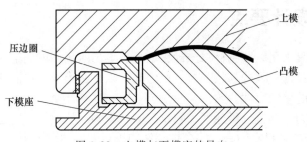

图 3-28　上模与下模座的导向

3.3.4 压边圈与下模座的导向设计要点

如图 3-29 所示的是压边圈与下模座的导向结构图。其优点是对细长件有利，加工方便以及可以承受较大侧向力；缺点是模具尺寸增大。

细长件在如图 3-26（a）所示结构无法实现时，或侧向力较大在如图 3-26（a）所示结构无法保证时采用。

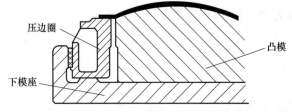

图 3-29　压边圈与下模座的导向

3.3.5 上、下模座导向设计要点

拉延模具上、下模座导向通常采用导板导向，有时可增加导柱与导套导向，其中导套安装在上模座上，导柱安装在下模座或压边圈上。在周边有切角或中间有刺破情况下可增加导柱与导套进行导向。

如图 3-30 所示的是上、下模采用导柱与导套导向结构图。其优点是导向精度高；缺点是不能承受侧向力。

导柱与导套导向结构一般不单独采用。

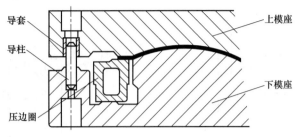

图 3-30　上、下模座采用导柱与导套导向结构

3.3.6　导向间隙设计要点

拉延模具的导向间隙主要出现在凸模与压边圈和凹模与压边圈两种情况下，其实也就是导板之间的间隙。拉延模具的导向间隙值见表 3-4。

mm

表 3-4　拉延模具的导向间隙

模具名称	序号	导向方式	间隙值
拉延模具	1	凸模—压边圈（导板）	0.05±0.02
	2	凹模—压边圈（导板）	

注：单动压力机和双动压力机要求相同；含切角工序内容时，按剪切类标准。

3.4　拉延筋设计要点

拉延筋是拉延模具中用以控制材料流动，增大、均匀四周（或局部）的材料变形阻力，减少压料面积以及稳定拉延过程的筋状凸起。拉延筋可以是凹模或压边圈的局部结构，也可以是镶入凹模或压边圈中的单独零件。

拉延筋对改变阻力、调整进料速度和防止起皱具有明显的效果，它还具有以下特点：

① 增大局部区域的进料阻力，使整个拉延件的进料速度达到平衡。

② 增大拉延成形的内应力，增大进料阻力，提高覆盖件的刚性。

③ 增大径向拉应力，减小切向压应力，延缓或防止起皱。

④ 降低压料要求，提高拉延稳定性。在容易起皱的部位适当增大拉延筋，可以扩大调压范围，不受气垫压力波动的影响。

3.4.1　拉延筋结构设计要点

在汽车覆盖件拉延模具中，拉延方向、工艺补充部分和压料面形状，是决定能否拉深出满意制件的充分条件，而拉延筋（或槛）则是必要条件，它是防止覆盖件起皱和撕裂最有效的方法之一。拉延筋的位置、个数和形状设计不当，起皱和撕裂的情况反而会更加严重。因此在调试拉延模具过程中，一旦出现问题，首先是要冷静分析材料的流动情况，根据以往的经验和相类似的状态，查找有关资料，仔细分析对比后再提出整改方案。

（1）拉延筋的结构形式

常用的拉延筋有圆形嵌入筋、半圆形嵌入筋和方形嵌入筋（拉延槛）等三种结构形式，如图 3-31 所示。不常用的拉延筋有斜方形筋、Z 形筋和 V 形筋等结构形式，并且多为整体形。

拉延筋的宽度 W，常用的有 12mm 和 16mm 两种，可根据拉延件的大小选定。拉延筋长度 L，在图样上不表示，制造中一般取 500mm 左右，直线部分取长些，曲线部分取短些。当

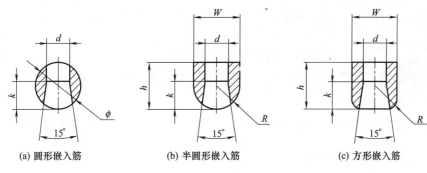

图 3-31 拉延筋形式

$W=12$mm 时，紧固螺钉中心距取 100mm；当 $W=16$mm 时，紧固螺钉中心距取 150mm。螺钉紧固以后，将头部锯掉，并打磨成形。拉延筋的结构尺寸见表 3-5。

表 3-5 拉延筋的结构尺寸 mm

名称	W	d	h	k	ϕ	R	紧固螺钉
圆形嵌入筋	12	6.2	12	6	10	6	M6×1.0
	16	8.5	16	8	16	6	M8×1.25
半圆形嵌入筋	12	6.2	11	5		6	M6×1.0
	16	8.5	13	6.5		8	M8×1.25
方形嵌入筋	12	6.2	11	5		3	M6×1.0
	16	8.5	13	6.5		4	M8×1.25

注：拉延筋的材料为45，淬火硬度45HRC以上或采用与凹模、压边圈相同的材质。

(2)拉延筋的确定方法

在生产实际过程中，一些汽车覆盖件，不使用拉延筋也能拉延成形，但形状不够稳定，刚性较差。

拉延筋是否设置，设置位置、数量和形状等是拉延成形中的重要问题之一，它往往成为拉延成败的关键。

① 拉延筋结构形式的选定

a. 圆形拉延筋用于一般情况。

b. 半圆形拉延筋用于整改时使用。

c. 方拉延筋胀形、成形时使用。

② 拉延筋封闭与不封闭的选定 如图 3-32 所示的是封闭和不封闭的两种情形。

③ 拉延筋条数的选定 拉延筋根据进料阻力情况，最多设置三条。最里边一圈一般是封闭

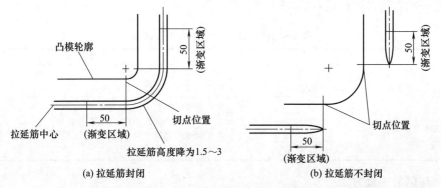

图 3-32 拉延筋的封闭与不封闭

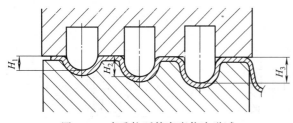

图 3-33   多重拉延筋高度依次递减

的,第二圈和第三圈拉延筋安置在直线部分,第三条拉延筋最短。

拉延筋突出高度在图样上都是 8mm,实际上第一条(内圈)拉延筋高度为 8mm,从里往外的拉延筋高度是依次递减的,即 $H_3 > H_2 > H_1$,如图 3-33 所示。

(3)拉延筋的其他结构

目前,国外或国内合资企业也有使用宽度为 10mm 的圆形嵌入筋及宽为 14mm、高为 6 的方形筋。

3.4.2   拉延筋布置设计要点

(1)拉延筋的位置尺寸

拉延筋是安装在压边圈压料面上,还是安装在凹模压料面上,都不影响拉延筋的作用。但在压力机上调整模具时,一般是不修磨拉延筋的,因此拉延正装结构要求拉延筋布置在压边圈的压料面上,而拉延筋槽设置在下方凹模的压料面上,便于修磨和研配。

若压料面就是覆盖件本身的凸缘时,经常打磨凹模压料面上的拉延筋槽,凹模压料面损耗加快,会影响拉延深度。损耗到一定程度时,则需要维修。这时拉延筋的布置就要考虑维修是否方便。若维修容易,压料筋可安置在上面压边圈压料面上;若维修困难,则拉延筋应装在下面凹模压料面上,如此则能减少凹模压料面的损耗。

拉延筋距凸模外轮廓尺寸沿凸模外轮廓形状不变,尺寸大小决定于凹模圆角强度和压边圈强度,一般取 30～35mm。拉延筋相互之间的尺寸沿拉延筋形状不变,一般取 28～30mm,如图 3-34 所示。

如果压料面就是覆盖件本身凸缘面时,则拉延筋距凸模外轮廓尺寸等于拉延筋距修边线尺寸和修边线距凸模外轮廓尺寸之和。拉延筋之间的尺寸同样取 28～30mm。

注意:原则上将拉延筋设置在上模上(上模为凸筋),外覆盖件设置在拉延筋压痕不影响产品质量的位置上。

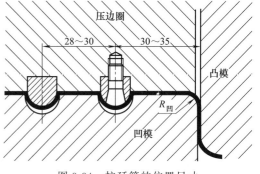

图 3-34   拉延筋的位置尺寸

(2)拉延筋的布置原则

按拉延筋的作用布置拉延筋,见表 3-6。

表 3-6   按拉延筋的作用布置拉延筋

要　　求	布　置　原　则
增加进料阻力,提高材料变形程度	布置 1～3 条拉延筋
增加径向拉应力,降低切向压应力,防止起皱	在容易起皱的部位设置局部的短筋
调整进料阻力和进料量	拉延深度深的直线部位,布置 1～3 条拉延筋 拉延深度深的圆弧部位,不布置拉延筋 拉延深度相差较大时,在深的部位不设拉延筋,在拉延深度浅的部位设拉延筋

(3）拉延筋的布置方法

以凹模口形状为例,拉延筋的布置方法如图 3-35 所示。图中 $\alpha = 8° \sim 12°$,具体序号所代表的含义见表3-7。

3.4.3　拉延筋其他设计要点

① 拉延筋、槽的方向和冲压方向相同。

② 拉延筋、槽的侧壁方向和冲压方向相同。

③ 拉延筋、槽根部要清根。因为拉延筋、槽根部在成形时不和板料接触，为了避免在调整过程中不与拉延槽、筋干涉，故需要清根。

④ 拉延筋、槽的侧壁配合间隙为 1.5～2mm。

⑤ 拉延槽开口圆角保持在 $R3$，作为基准，不再改动。

⑥ 调整拉延筋阻力时，只放大拉延筋的圆角和高度。特殊情况需要改动拉延槽时，必须得到设计师的认可。

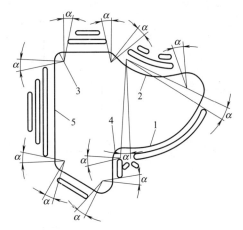

图 3-35　拉延筋的布置

表 3-7　拉延筋的布置方法

图 3-35 中位置序号	形状	要求	布置方法
1	大外凸圆弧	补偿变形阻力不足	设置 1 条长筋
2	大内凹圆弧	补偿变形阻力不足 避免拉延时,材料从相邻两侧凸圆弧部分挤过来而形成皱纹	设置 1 条长筋和两条短筋
3	小外凸圆弧	塑流阻力大,应让材料有可能向直线区段挤流	不设拉延筋 相邻筋的位置应与凸圆弧保持 3°～12° 夹角关系
4	小内凹圆弧	将相邻侧面挤过来的多余材料延展开,保证压边面下的毛坯处于良好状态	沿凹模口不设拉延筋 在离凹模口较远处设置两段筋
5	直线	补偿变形阻力不足	根据直线长短设置 1～3 条拉延筋(长者多设,并呈塔形分布,短者少设)

⑦ 以上几点只适用于料厚不大于 1.5mm 的板料。

⑧ 拉延筋的位置、数量及长短是根据拉延件的形状、起伏特点及拉延深度等因素来确定的。拉延深度深的部位不设或少设拉延筋，而拉延深度浅的部位一定要设置或者多设置拉延筋。

⑨ 拉延筋的布置方向一定要与材料方向垂直，如对材料利用率没有影响，拉延筋位置应取大一些。

⑩ 型面起伏不大的零件一般采用拉延槛，直接做在分模线位置。

⑪ 拉延筋的材质一般为 45 钢（或 S45C），调质处理，硬度 25～30HRC。

3.5　顶出与退件装置设计要点

3.5.1　顶出装置设计要点

拉延模具顶出装置的设计要点是在使用双动压力机时，在压边圈上设置；使用单动压力机时，在下模座设置顶出销或气动顶出。

如图 3-36 所示为单动压力机顶出装置。

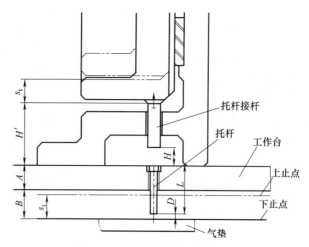

图 3-36　单动压力机顶出装置

图中符号意义：s_t——顶出行程，mm；

　　　　　　A——工作台厚，mm；

　　　　　　B——气垫下止点到工作台下平面的距离，mm；

　　　　　　D——托杆下承接面至下止点距离，mm；

　　　　　　L——托杆长度，mm；

　　　H，H'——托杆接杆上、下承接面至工作台距离，mm。

① 托杆在气垫下止点时不应高出工作台面，否则需加托杆接杆。

② 托杆接杆长度小于 200mm 时，可与压边圈一体铸出；若托杆接杆长度大于 200mm，则应采用图 3-36 所示的托杆接杆形式或使用垫块调节。

③ 铸造式托杆接杆尺寸小于 100mm 和小于 200mm 的结构如图 3-37 和图 3-38 所示。

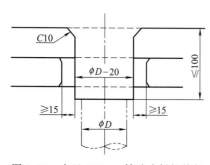

图 3-37　小于 100mm 铸造式托杆接杆

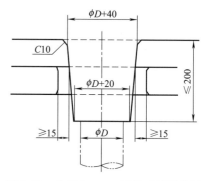

图 3-38　小于 200mm 铸造式托杆接杆

④ 对使用寿命超过 30 万次的拉延模具，托杆承接面不允许采用铸铁基体材料，否则应使用托杆垫块，如图 3-39 所示。

⑤ 在拉延模具平衡良好的位置上，安装在压料芯顶杆脚上，最少设 4 个。

⑥ 在放置毛坯、取出产品时，加以注意。

⑦ 当用户没有要求时，采用 45 钢制作，淬火硬度 38～42HRC。

⑧ 垫块应不高于形面。当全自动状态下，冲压件挂不上时，不受此限。

⑨ 使用两个螺钉固定的圆形托杆垫块结构尺寸如图 3-40 所示，其中外径 D 有 60mm 和 70mm 两种规格。

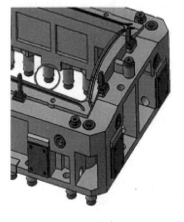

图 3-39　托杆使用垫块示意图

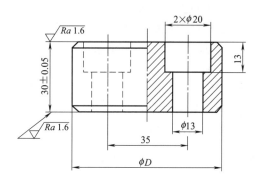

图 3-40　托杆垫块

3.5.2　托杆孔的设计要点

① 对照生产设备正确布置托杆孔位置。汽车覆盖件模具用到的工作台除了生产用工作台外，还要考虑试模用工作台。托杆孔的布置应以生产工作台为主，试模工作台为辅，试模工作台用托杆数量可以酌情减少。

② 对有可能偏心布置的托杆孔位置，尽可能靠近分模线。

③ 在下模座上设计出托杆过孔。

3.5.3　退件装置设计要点

在拉延凹模的型腔内有时设置退件器（依照用户的要求，有时设有判断用检测器）如图 3-41 所示。

(1) 退件装置的安放位置

① 为防止产品变形，设置在拉延角的附近。

② 浅拉延时，也可在形面上设退件器。

③ 应设置在平衡良好的位置上。

(2) 外覆盖件对退件装置的要求

① 不要设置在产品内表面。

② 当不得不设在产品内表面时，应在表面贴橡胶。

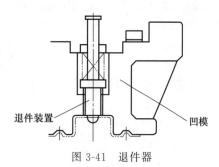

退件装置　　凹模

图 3-41　退件器

3.6　定位与限位装置设计要点

拉延模具在工作前，拉延坯料在模具中的摆放位置，双动压力机和单动压力机是不同的。使用双动压力机的拉延模具，拉延坯料是放置在下模座上；使用单动压力机的拉延模具，拉延坯料是放置在压边圈上。

拉延坯料在拉延模具中的定位与限位有如下要求：

① 上模应为拉延坯料定位与限位留有足够的空间；

② 拉延坯料的投料应避免与定位和限位装置相碰撞；

③ 拉延坯料定位装置应能够调整；

④ 拉延坯料放置应稳定；

⑤ 禁止使用气动旋转式定位机构；

⑥ 拉延坯料的定位装置应具有导向功能；

⑦ 活动定位装置要保证它与平衡块的位置不能干涉；

⑧ 拉延坯料的定位部件的焊接要牢靠，非标准件要求满焊；

⑨ 拉延坯料投放后上翘部分的定位部件应选择随形定位块；

⑩ 拉延坯料的定位与限位装置必须为标准件；

⑪ 定位器的高度由压料面的形状来确定，因此各处定位器的高度可能不一致；

⑫ 同一侧定位器的放置距离应尽量远；

⑬ 优先使用板料定位装置的形式为固定式→上下活动式→左右或前后活动式定位。

3.6.1 定位装置设计要点

拉延模具中所使用的定位装置主要是定位器，它对拉延坯料进行定位。常见的定位器如图 3-42 所示。

(a)自动线用定位器　　(b)圆筋形定位器　　(c)端头定位器　　(d)通用定位器　　(e)小型定位器

图 3-42　拉延模具常见的定位器

如图 3-42 (a) 所示为自动化冲压生产拉延模具用的定位器，自带有传感器，一副拉延模具需设置两处并布置在模具对角线上。

如图 3-42 (b) 所示为一种简易定位器，适用于尺寸不大零件的定位。

如图 3-42 (c)、(d) 和 (e) 所示的定位器结构相似，只是螺钉位置和数量不同。这些定位器的螺钉过孔为长圆形，可以对定位部分的位置进行调整，待最终确定其拉延坯料的定位尺寸与定位位置后，再利用圆柱销将其固定。

① 对于矩形拉延坯料定位装置的布置位置及数量要求是：要求不高的拉延模具，仅前侧 (F 面侧) 设置 2 处，左侧和右侧各设置 1 或者 2 处，左侧设置 1 处或者 2 处 (视模具大小确定)；对于要求高的拉延模具，前侧 (F 面侧) 设置 2 处，左侧和右侧各设置 2 处 (视模具大小确定，细长件如柱类型 1 处，长方件如车门等 2 处)，后侧设置 2 处，如图 3-43 所示。

② 非自动线上的拉延模具要求封闭定位时，前侧、左侧和右侧应按如图 3-44 所示布置定位装置，后侧为导轮定位或翻转式活定位。

③ 自动线上拉延模具定位装置的布置如图 3-45 所示。

注意：用于自动线的模具都需配备传感器，对角线分布，每边的定位器，位置应可调。

④ 对于非矩形拉延坯料，定位器的定位面要垂直于板料线，沿板料线一周来布置，以保证坯料可靠定位。如图 3-46 所示为一个非矩形拉延坯料定位器的布置图，定位器安装在压边圈上，共有 7 个定位器，其中两个为自动化冲压生产拉延模具用的定位器。

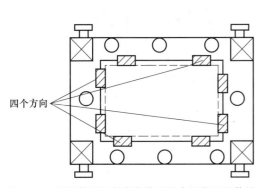

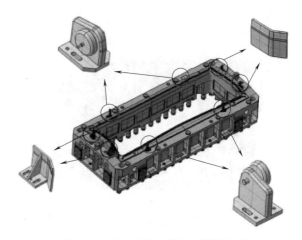

图 3-43 矩形拉延坯料定位装置的布置位置及数量

图 3-44 非自动线上的拉延模具要求
封闭定位时的定位装置的布置

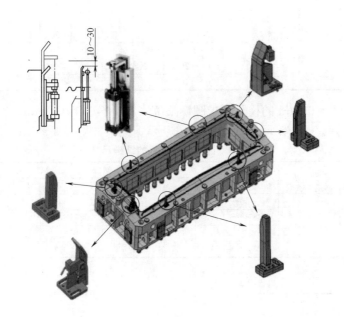

图 3-45 自动线拉延模具定位装置的布置

3.6.2 限位装置设计要点

拉延模具的限位装置主要是使用限位块，有圆形和长方形两种。限位块以螺钉将其固定在压边圈、下模座（或凸模）的四个角的凸台上。限位块凸台的高度为 10mm，尺寸一般较限位块周边大 10~20mm。由于工作时限位块处承受的力很大，因此压边圈、下模座的相应位置必须有筋条与之对应。

拉延模具工作到下死点时，压边圈通过限位块镦底，向下与下模限位凸台接触，向上与上模型面接触，保证压边圈上的产品形状能够压出。如果模具工作到底时，压边圈不镦底，压边圈上的产品形状不能完全压出来，得到的产品是不合格的。

① 圆形限位块。圆形限位块如图 3-47 所示，其尺寸见表 3-8。

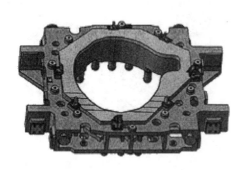

图 3-46　非矩形拉延坯料定位器布置图

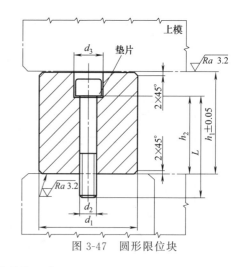

图 3-47　圆形限位块

表 3-8　圆形限位块的结构尺寸　　　　　　　　　　　　　　　　　mm

序号	d_1	d_2	d_3	h_1	M12		M20		数量	冲压力/kN
					h_2	L	h_2	L		
1	60	14	20	≥40~60	22	40	18	50	4	<1800
2	80			>60~80	42	60	30	60		≥1800~3500
3	100			>80~100	62	80	50	80		>3500~5500
4	120	22	33	>100~120	82	100	70	100		>5500~10000
5	150			>120~140	102	120	90	120		>10000~15000

注意：长度超过 2000mm 的模具要求圆形限位块直径不小于 100mm。

② 长方形限位块。长方形限位块如图 3-48 所示，其尺寸见表 3-9。

表 3-9　长方形限位块的结构尺寸　　　　　　　　　　　　　　　　　mm

序号	L_1	L_2	L_3	d_1	d_2	h_1	M8		M10		M12		数量	冲压力/kN
							h_2	L_4	h_2	L_4	h_2	L_4		
1	60	50	76	14	20	≥80~100	62	80	65	80	62	80	4	<3500
2	80	60	93			>100~120			85	100	82	100		≥3500~5000
3	100	80	120			≥120~140			105	120	120	120		>5000~10000
4	120	100	130			>140~160					122	140	8	>10000~20000

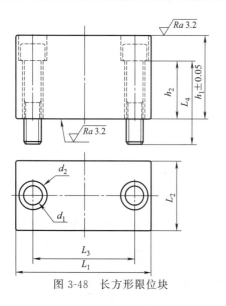

图 3-48　长方形限位块

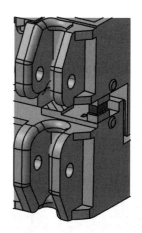

图 3-49　应用实例

③ 材质为 45 钢（S45C）或 SKS93，热处理硬度 54～58HRC。

④ 限位块使用要求

a. 限位块要保证 80％的面积相接触；

b. 限位块下的垫片不超过两片，且必须略小于限位块，安装后垫片边缘不得超出限位块的外边缘；

c. 应对限位块编号；

d. 限位块下应为实心体或加强筋条；

e. 限位块的固定螺栓为 M12；

f. 限位块应布置在分模线之外且沿其四周平衡布置，应尽量与平衡块的位置一致；

g. 相邻限位块之间的距离一般为 300～450mm。

⑤ 如图 3-49 所示的是生产中的一个应用实例，限位块放置在吊耳中心外侧。

3.7　工艺切口与刺破刀的设计要点

在汽车覆盖件上拉延出深度较大的局部凸起或鼓包时，有时靠从外部流入材料已很困难，继续拉延将会产生破裂。这时，可考虑冲制工艺切口（或孔）或刺破，以便从变形区内部得到材料补充，避免产生破裂。

3.7.1　工艺切口设计要点

工艺切口是在拉延过程中反拉延成形到最深，即将产生破裂时冲出，这时材料已不能从外部流入，往下继续反拉延，在工艺切口处的材料便由内向外流动以满足反拉延成形。根据反拉延深度和形状冲或刺一个、两个或若干工艺切口，如图 3-50 所示。

（1）工艺切口的位置、大小和形状的确定

工艺切口的位置、大小和形状应保证不因拉应力过大而产生径向裂口、波及覆盖面表面；又不因拉应力过小而形成波纹。工艺切口必须放在拉应力最大的拐角处，因此冲和刺工艺切口的时间、位置、大小和形状都应在调整拉延模时试验决定。

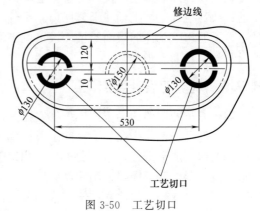

图 3-50　工艺切口

（2）冲（或刺）工艺切口的特点

冲或刺工艺切口的共同特点是由于压边圈和凹模、凸模与压边圈的导向不准确致使冲或穿工艺切口的凸模和凹模不同心而啃刃口，并有冲出或刺出的碎渣落在凹模表面上而影响拉延件的表面质量，需经常擦拭凸模和凹模。

（3）冲（或刺）工艺切口的优缺点

刺工艺切口的优点是无废料，缺点是有方向性；冲工艺切口的优点是无方向性，缺点是有废料。

采用刺工艺切口时要特别注意翻孔方向一定要适合在修边中的定位需要，即拉延以后将拉延件翻转送到修边模中定位时工艺切口的翻孔方向朝上。翻孔朝下则难以定位，此时应采用冲工艺切口的方法。

（4）刺（或冲）工艺切口的切入量

在内侧进行刺或冲工艺切口时，应在考虑冲压件成形性的前提下，决定切入量，如图3-51

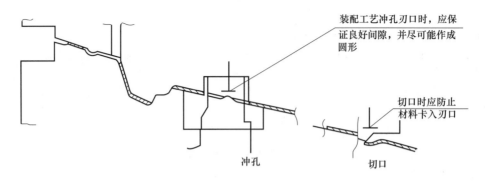

图 3-51　刺或冲工艺切口

所示。

（5）切角时

在外侧切角时，应注意废料飞溅。

（6）导向及导向间隙

① 当在外侧剪切时，应设置导柱与导套导向。

② 当在内部有切口或冲孔时，应减小凸模、压料圈及凹模导向的间隙。

（7）注意事项

有冲或刺工艺切口的拉延模具给制造和装配增加了难度，在可能条件下应尽量不采用冲或刺工艺切口，而从覆盖件设计上想办法降低其反拉延深度，靠加大圆角和侧壁成斜度成形出反拉延，或在拉延毛坯上预冲工艺切口。另外，在采用冲或刺工艺切口工艺时，一定要设在废料区上，不能影响制件的表面质量。设置刺破后，会有少量碎屑留在模具表面，在实际生产中拉延模具尽量不要采用刺破。

3.7.2　刺破刀设计要点

现代汽车覆盖件的冲压加工，都安排一道拉延工序，一般是第一道工序（落料除外）。制件上所有的孔，都安排在后工序冲出。拉延工序，是对无内孔制件的冲压加工。若有孔部位属于内部的局部成形部分，则需要进行 CAE 变形分析。一般这部分成形属于胀形变形，若胀形变形超过材料的变形极限，制件就会出现破裂现象。为了防止此类事情的发生，拉延结束前需要在该部位（或相邻部位）预先刺或冲（孔）工艺切口。

从上节我们知道，预先刺或冲（孔）工艺切口的形状、尺寸及位置，一般都是经过试验或依据经验确定的。

① 无预冲孔的刺破孔，凸模端部呈锥形，α 取 60°，凹模孔带台肩，以控制凸缘高度，避免直孔引起的边缘不齐，如图 3-52 所示为无预冲孔的刺破凸模。

② 其他拉延工序所使用的刺破刀，按一般冲孔类型对待。

③ 当几个刺破刀工作，制件出现开裂与起皱现象时，如图 3-53 所示。解决的办法是将刺破刀

图 3-52　无预冲孔的刺破凸模

设计成中间高、两头低的形式或波浪刃口，如图 3-54 所示。

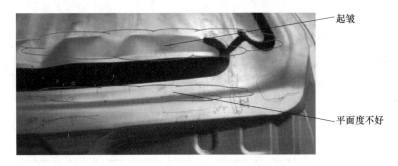

图 3-53 几个刺破刀工作使制件开裂与起皱

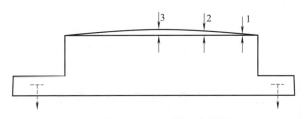

图 3-54 中间高、两头低形式的刺破刀

3.8 工艺孔和排气孔设计要点

所谓工艺孔，就是非产品上的孔，而是为生产和制造需要在工艺上增设的孔。

所谓排气孔，就是为了防止拉延过程中拉延件变形，而在凸模或凹模上设置的通气孔。

3.8.1 工艺孔设计要点

常用工艺孔有两种，即定位用工艺孔和研模用基准孔（CH 孔）。

(1) 定位用工艺孔

有些拉延件产品形状比较平缓，或受冲压方向的限制，拉延件侧壁及拉延筋等不能充当后续定位用，此时就要在拉延件上冲出两个定位用工艺孔。工艺孔的位置应放在后续工序必须冲掉的废料上，一般都放在压料面上。由于压料面绝大多数在拉延过程中产生流动，因此工艺孔应在拉延过程完成以后冲出，也就是当凸模运行而压边圈停留不动，拉延件从凸模退下这一段时间进行。定位用工艺孔的孔径一般为 $\phi 10mm$ 和 $\phi 20mm$ 两种，并且孔距越远，定位越可靠。

注意：在拉延模具上设置工艺孔时，应考虑冲制工艺孔产生的废料必须能顺利排出。

(2) 研配用基准孔（CH 孔）

要制造一个汽车覆盖件，需要经过拉延、修边冲孔、翻边整形等 3～5 道工序才能完成。在模具制造过程中，为使后序研配更加快速准确，减小孔与形的位置公差，需要在全工序中设置两处研模用基准孔，即 CH 孔。

CH 孔用于制件与模具间的定位，并且根据定位后的制件来判断该件是否满足要求，一般一个制件上设置两个定位基准孔，放在对角距离较远的位置。

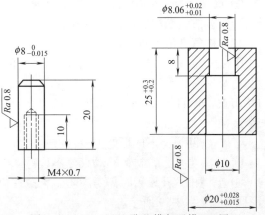

图 3-55 $\phi 8mm$ CH 孔凸模与凹模 2D 图

① CH 孔应设置在拉延形状面比较平缓且突出的地方，设置在斜面上时，斜面的倾斜角度最大不得超过 5°。另外，CH 孔的位置不能与后续活动块的部位干涉。

② 冲 CH 孔凸模与凹模设计要点是：CH 孔凸模设置在拉延凹模上，CH 孔凹模设置在拉延凸模上。如图 3-55 所示为 $\phi 8mm$ 的 CH 孔的凸模与凹模 2D 图，$\phi 10mm$ 冲孔凸模与凹模的规格见表 3-10。

表 3-10　冲孔凸模与凹模的规格

名称	规格	材质	热处理	备注
凸模	$\phi 10 \times 15$	Cr12MoV	55~60HRC	自制
凹模	$\phi 20 \times 20$		58~62HRC	

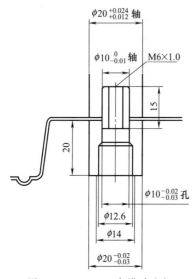

图 3-56　$\phi 10mm$ 合模冲头与研配用 CH 孔安装结构

③ 汽车覆盖件内板件与外板件的 CH 孔尺寸要求是不同的。内板件的 CH 孔为 $\phi 8mm$ 或 $\phi 10mm$，而外板件的 CH 孔为 $\phi 6mm$，孔位偏差为 $\pm 0.01mm$。

$\phi 10mm$ 合模冲头与研配用 CH 孔安装结构如图 3-56 所示。

3.8.2 排气孔设计要点

在双动压力机拉延模工作过程中，压边圈首先运动到下止点，将毛坯压紧在凹模压料面上，待凸模向下运动到下止点时，便将毛坯拉延成凸模形状。这时凹模中的空气必须得排出，否则被压缩的气体会产生很大的压力，将坯料压入凹模空隙处产生多余变形，而形成废品。同样，在单动压力机拉延模工作过程中，凸模和拉延件之间也应使空气通畅，否则，在压边圈的静止而凸模向上运动过程中，拉延件有可能被凸模贴紧带起，而导致变形。因此，拉延模凸、凹模都应在适当的位置设置排气孔。

(1) 排气孔的结构

通常排气孔有两种结构，如图 3-57 所示。

① 可在凹模不必要的挖空部分直接铸孔，这样既可减少加工量和钳工研磨工时，又可以作为生产中灰、砂、杂质等的存放处。铸孔的直径一般为 $\phi 60 \sim 120mm$。

② 直接在凸、凹模工作表面钻出通孔。对于斜面，应按斜面的法向作排气孔。

(2) 排气孔的设置原则

① 拉延模具的排气孔应设置在凸模和凹模的凹角及最后成形墩死部位，其数量应尽量多，均匀布置，保证每 200mm×200mm 上至少有一个。

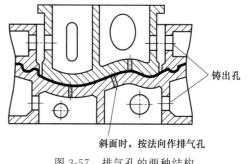

图 3-57　排气孔的两种结构

② 凸、凹模上下成形处不设。

③ 曲率半径小，材料移动大处不设。

④ 上模排气孔设置时需考虑防尘，应在排气孔上加排气管，或在出气孔上方整体加盖板。如图 3-58 与图 3-59 所示。

拉延模具用排气管如图 3-60 所示。

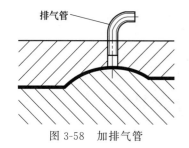

图 3-58 加排气管

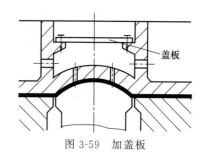

图 3-59 加盖板

实际生产中有两种材料制成的拉延模具用排气管，一种是黄铜（C2600T），另一种是聚氨酯，肖氏硬度 A90，此时的 $\phi6$ 尺寸的上偏差为 $+0.2$。安装时，使用环氧树脂系列粘接剂将其固定。

⑤ 在废料部位设置。

⑥ 上、下模排气孔位置应不相同。

⑦ 均匀布置。

（3）排气孔径

① 为将空气排出模具以外，应尽可能加工较大的排气孔，一般为 $\phi6$。

② 对于顶盖、发动机盖、车门等平滑的外覆盖件，其凸出部分为 $\phi5$。

③ 外覆盖件 $\phi4\sim\phi6$，内覆盖件 $\phi6\sim\phi8$。

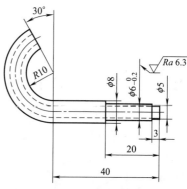

图 3-60 拉延模具用排气管

3.9 工作侧销与安全侧销设计要点

（1）侧销的种类

拉延模具使用的侧销可分为工作侧销和安全侧销两种，一般每副模具使用数量为 4 个（较小的模具可使用 2 个）工作侧销和 2 个安全侧销。

（2）侧销的作用

① 工作侧销的作用　工作侧销所起的作用是限制压料板的位移，其安装在模具的侧面，对于拆装模具比较方便。另外，当模具在下死点时，把侧销插入压料板的孔后，用侧销挡板锁住侧销。这样工作零件露出压料面，模具在压力机上也可维修。

② 安全侧销的作用　顾名思义，安全侧销所起的作用是当工作侧销失去作用时，支撑压料板，起到安全保护模具的作用。

③ 工作侧销和安全侧销设计　如图 3-61 所示的是工作侧销和安全侧销并排设计示意图。如图 3-62 所示的是空间不足时的设计要求。

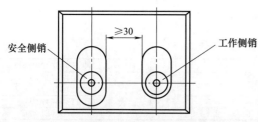

图 3-61 工作侧销和安全侧销并排设计

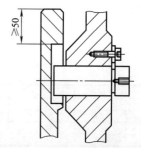

图 3-62 空间不足时的设计要求

④ 侧销的应用实例如图 3-63 所示。

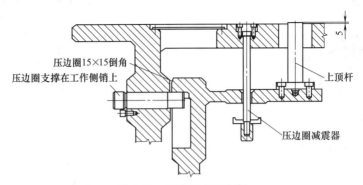

图 3-63　侧销的应用实例

3.9.1　工作侧销的设计要点

(1) 工作侧销形式

工作侧销有两种形式：一是不带阻尼器，如图 3-64 所示；二是带有阻尼器，如图 3-65 所示。

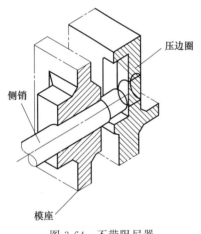

图 3-64　不带阻尼器

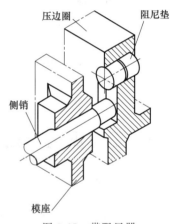

图 3-65　带阻尼器

(2) 工作侧销结构尺寸

如图 3-66 所示的是工作侧销的 2D 图，结构尺寸见表 3-11。

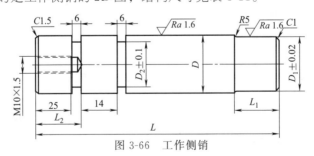

图 3-66　工作侧销

表 3-11　工作侧销的结构尺寸　　　　mm

D	D_1	D_2	L				L_1	L_2	冲击负载/N(kgf)
32	30	22	131	151	171		25		10493(1070)
40	38	30	136	156	176	196	30	32	22182(2160)
50	48	40		166	186	206	40		41286(4210)
63	61	50			196	216	236	50	60703(6190)

注：负载（kgf）=负载(N)×0.101972。

（3）工作侧销的选用

工作侧销的直径及数量应根据移动部件压边圈（也称压料板或 Pad）的质量，按表 3-12 来确定。

表 3-12　工作侧销的选用

侧销直径/mm 压料板质量/kg	32	40	50	56	63
100	2	—	—	—	—
250	2	—	—	—	—
500	3	—	—	—	—
750	3	—	—	—	—
1000	4	—	—	—	—
1250	4	—	—	—	—
1500	—	4	—	—	—
1750	—	4	—	—	—
2000	—	4	—	—	—
2500	—	—	4	—	—
3000	—	—	4	—	—
3500	—	—	—	4	—
4000	—	—	—	4	—
4500	—	—	—	4	—
5000	—	—	—	—	4

从表 3-12 可以看出，压料板质量超过 5t（5000kg）的，按照最大的标准设计，即侧销直径 $\phi 63\text{mm}$。

（4）工作侧销的设计要求

工作侧销的设计要求如图 3-67 所示，具体尺寸见表 3-13。

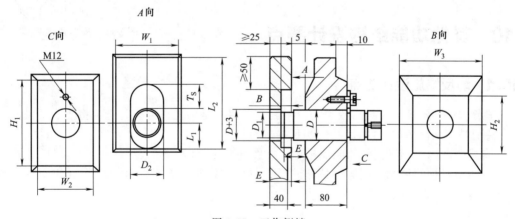

图 3-67　工作侧销

表 3-13　工作侧销的结构尺寸　mm

D	D_1	E	H_2	W_3	L_1	W_1	D_2	H_1	W_2
32	30	25	90	90	40	90	36	120	90
40	38	30	100	100	50	110	50	130	100
50	48	30	120	120	60	130	60	140	120
63	61	35	140	140	70	160	70	150	140

3.9.2　安全侧销的设计要点

（1）安全侧销结构尺寸

如图 3-68 所示的是安全侧销 2D 图，结构尺寸见表 3-14。

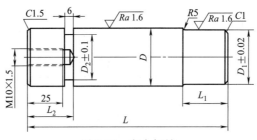

图 3-68　安全侧销

表 3-14　安全侧销的结构尺寸　　　　　　　　　　　　　　mm

D	D_1	D_2	L					L_1	L_2
32	30	22	117	137	157	—	—	25	
40	38	30	122	142	162	182	—	30	32
50	48	40	—	152	172	192	—	40	
63	61	50	—	—	182	202	222	50	

(2) 安全侧销的选用

安全侧销的直径与工作侧销的直径相同,其数量一般为两个。

(3) 安全侧销的设计要求

安全侧销的设计要求,如图 3-69 所示。

有关侧销限位的相关内容请参阅 4.7.4 修边冲孔模具压料板行程和限位设计要点。

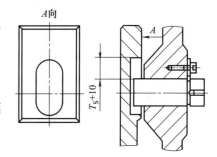

图 3-69　安全侧销

3.10　其他功能结构设计要点

3.10.1　防反措施设计要点

汽车覆盖件拉延模具应具有模具防反措施,其目的是防止在合模时避免将上、下模的方向装错(特别是型面简单的零件)。具体防反措施有:

① 有导向腿的采用导板作为防反措施,如图 3-70 所示。

② 有四根导柱的结构采用导柱偏移防反,具体的措施就是后侧导柱向左(或向右)侧偏移 10mm,如图 3-71 所示。

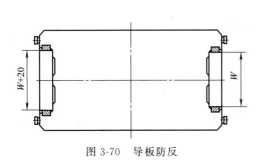

图 3-70　导板防反

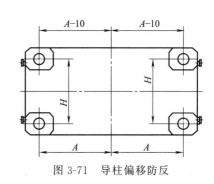

图 3-71　导柱偏移防反

③ 如果是采用两根导柱,防反措施是将模具左右两侧的导柱距离模具中心 X 轴距离 B/2 设计为 B/2 和 (B+20) 就可以了。

④ 完全对称压边圈或其他有误操作情况时，均应考虑防反，具体形式根据模具结构设置。

⑤ 防反措施设置不要与工件取放发生干涉。带传送装置的模具，注意不要与工件取放及传送支架等发生干涉。

3.10.2 到底标记设计要点

对于汽车覆盖件模具中的拉延模具，需要设计到底标记。其目的是为了验证零件拉延是否已经完全压到位。

到底标记不允许影响零件表面质量，优先设置在冲压件材料流动少的水平面上；如果没有水平面，可以在未来修边外部设置水平面。

在拉延模中使用两个对角线分布的到底标记。原则上每个制件设置 4 处，两个一组，且距离不宜太近。拉延模具应在凹模上设计到底标记。

到底标记在零件上可见，并且尽可能避开匹配面。

① 到底标记钢印 根据布置位置，可以选择序号 1（如图 3-72 所示）和序号 2（如图 3-73 所示）两种到底标记钢印任意一种，优先采用序号 2 到底标记钢印。

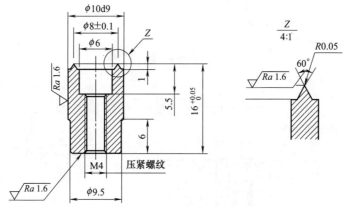

图 3-72 序号 1 到底标记钢印

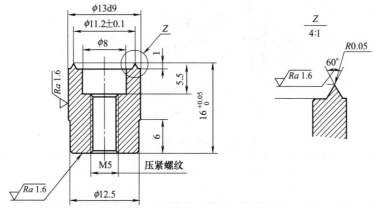

图 3-73 序号 2 到底标记钢印

② 到底标记钢印水平安装要点 到底标记钢印水平安装如图 3-74 所示。

③ 到底标记钢印倾斜安装要点 到底标记钢印若安装在平面上有困难时，则应该安装在 15°以下的斜面上，但是到底标记钢印应该垂直该斜面，如图 3-75 所示。

④ 到底标记钢印装配如图 3-76 所示，其相关尺寸见表 3-15。

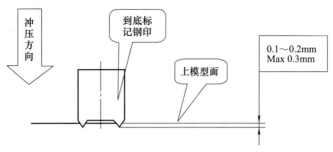

图 3-74　到底标记钢印水平安装

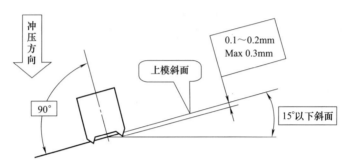

图 3-75　到底标记钢印倾斜安装

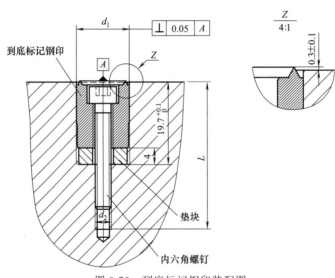

图 3-76　到底标记钢印装配图

表 3-15　到底标记相关尺寸   mm

序号	d_1(h11)	d_2	L
1	10	M3	30
2	13	M4	35

⑤ 到底标记钢印特例　零件分左右件时，采用左右标记销代替到底标记钢印，用 L/R 区分。

⑥ 到底标记钢印的固定　到底标记钢印用螺钉固定，尖端凸出零件 0.3mm，到底时会在制件表面压出标记。

第4章

汽车覆盖件修边冲孔模具设计要点

修边冲孔模具是汽车覆盖件模具中第二套模具（除落料模外），在多数冲压工序安排中是必须有的。其目的是修切掉覆盖件拉延时的工艺补充部分及冲制所要求的孔，为下道工序提供最佳工序件。图 4-1 所示为某型轿车左/右后侧地板修边冲孔模具。

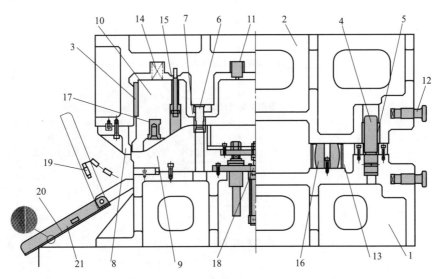

图 4-1 某型轿车左/右后侧地板修边冲孔模具

1—下模座；2—上模座；3—导板；4—导柱；5—导套；6—冲孔凸模；7—冲孔凹模；
8—修边凸模；9—修边凹模；10—压料板；11—氮气弹簧；12—铸造式吊耳；
13—限位套管；14—弹簧；15—限位螺栓；16—聚氨酯减震块；17—铸入型螺栓；
18—顶料组件；19—滑板链条；20—滤油网板；21—废料滑板

修边冲孔工序是汽车覆盖件重要的冲压工序之一，修边简称 TR，冲孔简称 PI 或 PC。该工序通常安排在拉延工序完成后进行。当修边角度较大时，应采用侧修边来完成，简称 C/TR（或 CTR）；冲孔角度较大时，应采用侧冲孔来完成，简称 C/PI。

(1) 修边冲孔模具与落料冲孔模具的区别

汽车覆盖件修边冲孔模具其实就是特殊的落料冲孔模具，它与普通的落料冲孔模具的主要区别是：

① 修边冲孔模具的使用对象大多是经过拉延变形后形状复杂的覆盖件，而落料冲孔模具的使用对象大多是平的板料。

② 修边冲孔模具的分离刃口所在的位置可能是任意的 3D 曲面，而落料冲孔模具的分离刃口都是平面。

③ 修边冲孔模具的分离过程常常存在着较大的侧向力，而落料冲孔模具的分离过程则没有。

④ 修边冲孔模具的有些机构运动方向与压力机上滑块运动方向成一定夹角（直角、锐角或负角），而落料冲孔模具的运动方向与压力机滑块运动方向是一致的。

⑤ 修边冲孔模具所要修边的覆盖件形状复杂，通常存在不同程度的弹性变形，而落料冲孔模具所使用的平整板料则没有。

(2) 修边冲孔模具的设计流程

设计修边冲孔模具时，首先要分析该零件的冲压工艺性。只有适合用冲压工艺生产的零件才需要进行冲压模具设计，否则需改用其他工艺生产，或者修改零件设计，使其适合用冲压方法加工。

如图 4-2 所示为修边冲孔模具的设计流程示意图。

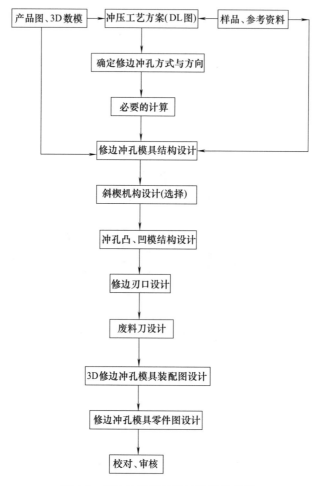

图 4-2　修边冲孔模具设计流程示意图

在实际模具设计过程中，上述的修边冲孔模具的设计流程并没有严格的先后顺序，这些步骤往往是交错进行的。

4.1　整体结构设计要点

现在汽车覆盖件模具中普遍将修边模具、冲孔模具及切断模具三合一。冲孔工序合并在修边工序中，对于修边模的影响不大，只是增加了冲孔凸模和凹模等工作部件；切断工序只是在修边及冲孔工序完成后，才将修边废料切断。

4.1.1　各主要部分高度尺寸设计要点

修边冲孔模具各主要部分包括修边凸模及凹模、冲孔凸模及凹模、废料切断刀、压料板、上模座及下模座。

修边冲孔模具各主要部分高度设计的依据如下：

① 修边冲孔模具下模部分尽量抬高，以保证废料滑出的角度。

② 修边冲孔模具各主要部分高度尺寸设计的顺序一般是凸模、废料切断刀和凹模→压料板→上模座和下模座。

③ 设计上模座和压料板高度时，除了考虑其强度外，还要考虑弹性元件布置、压料板内导向的布置和压料板限位的布置。

④ 设计下模座高度时，除了考虑其强度外，还应考虑修边废料和冲孔废料的排除。

如图 4-3（a）所示为典型修边冲孔模具 *X* 向剖视图，如图 4-3（b）所示为典型修边冲孔模具 *Y* 向剖视图。

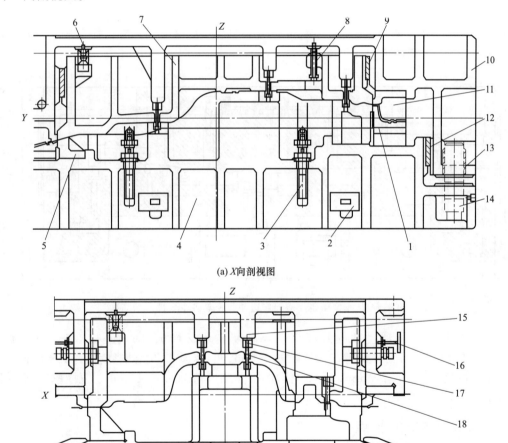

(a) *X*向剖视图

(b) *Y*向剖视图

图 4-3　典型修边冲孔模具剖视图

1—废料切断刀；2—废料盒；3—顶出汽缸；4—下模座；5—修边凸模；6—弹簧；7—压料板；8—卸料螺钉；9—内导板；10—上模座；11—修边凹模；12—外导板；13—导套；14—导柱；15—冲孔凸模固定板及垫板；16—侧销；17—冲孔凸模；18—冲孔凹模套；19—废料滑板

覆盖件的修边线多是复杂的三维空间曲线，高度上有起伏，因此将修边凹模设计成多个镶块并且在高度上不尽相同，即它们的安装面不在同一个高度上。这些镶块最薄处的厚度应为 $55\sim60\mathrm{mm}$。

修边凸模是否分块与其外形有关。当修边线长度和宽度较大或修边线高度落差较大时，修边凸模多采用分块的形式。修边凸模最薄处的高度应不小于 $80\mathrm{mm}$，以保证废料滑出顺畅。

与压料板有关的设计主要包括弹性元件、压料板限位和压料板导向这三部分的设计。对于弹性元件来说，要考虑其安装空间，还要保证各安装面的厚度，这涉及模座和压料板的强度。压料板限位一般有侧销和等高套筒两种形式。如果用侧销，则要求压料板和上模座的尺寸稍大一些。压料板导向时，导板装在压料板上。一般的修边冲孔模具的压料行程不会超过 $30\mathrm{mm}$，导向行程不大，高度设计上容易满足。

上模座各处高度的设计主要考虑它的强度要求和铸件的变形情况。对下模座来说，除了这两点外，还要考虑废料滑出角度。而对于要求废料是滑出工作台外还是滑出模具外这两种情况，下模座废料滑道的角度要求是不同的。模具中间的较大冲孔废料如何滑出是设计时要特别注意的问题，这些废料应从下模座下面滑出来。

如图 4-4 所示为某车型顶盖前横梁修边冲孔模具各主要部分的高度，标准基准为高度基准线、上模座上平面和下模座下平面。

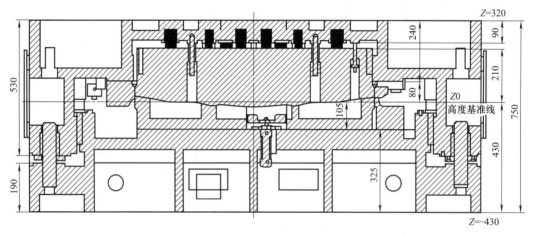

图 4-4　某车型顶盖前横梁修边冲孔模具各主要部分的高度

设定高度基准线（通过数模基准点）处高度值为 $Z=0$，修边凸模底部高度为 $Z=-105\mathrm{mm}$，废料切断刀底部高度值为 $Z=-105\mathrm{mm}$，凹模顶部平面处高度值为 $Z=80\mathrm{mm}$，压料板上平面高度值为 $Z=210\mathrm{mm}$，上模座顶部平面高度值为 $Z=320\mathrm{mm}$，下模座底部平面高度值为 $Z=-430\mathrm{mm}$。

4.1.2　长度尺寸设计要点

修边冲孔模具下模长度包括各凸模镶块和废料切断刀组合起来的总长以及左右端头的长度等；而上模长度主要包括各凹模镶块组合起来的总长以及左右端头的长度等。

(1) 下模长度

如图 4-5 所示为某车型顶盖前横梁修边冲孔模具下模俯视图。

从图中可得

$$模具长度 = L + L_1 + 2(L_2 + L_3) \tag{4-1}$$

式中　L_1——下模座中间部分长度，它是修边废料前后排出的空间，略大于修边凸模、废料切断刀组合后的总长，这是为了保证左右两边废料能顺利滑下去；

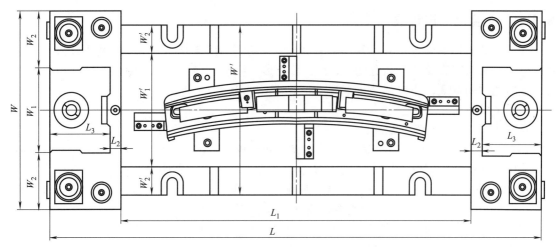

图 4-5　某车型顶盖前横梁修边冲孔模具下模俯视图

L_2——主筋厚度，一般为 40mm；

L_3——下模端头部分尺寸，应保证导柱、导板的安装空间足够。

(2) 上模长度

如图 4-6 所示为某车型顶盖前横梁修边冲孔模具上模俯视图。

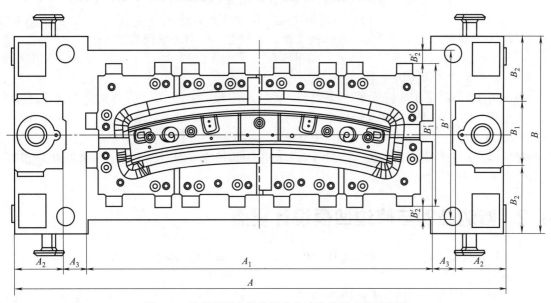

图 4-6　某车型顶盖前横梁修边冲孔模具上模俯视图

从图中可得

$$模具长度 = A + A_1 + 2(A_2 + A_3) \tag{4-2}$$

式中　A_1——上模座中间部分长度，它是修边凹模组合起来的总长；

A_2——上模左右端头的长度，应保证导套、导板的安装空间足够；

A_3——修边凹模背托处到上模端头的距离。

以上所述的 L 与 A 实际是同一个数值，上、下模的模具长度数值是相等的。从上面两个等式可以知道，模具长度取决于修边废料的长度。修边废料越长，修边凹模镶块组合起来的长度就越大，废料从前后排出去的长度空间应越大，模具端头长度也越大，因此模具长度就越大。

4.1.3 宽度尺寸设计要点

修边冲孔模具下模宽度包括各凸模镶块和废料切断刀组合起来的宽度以及压板槽范围的宽度，还包含端头宽度及安全区宽度等；而上模宽度主要包括各修边凹模镶块组合起来的宽度以及压板槽范围的宽度，还包含端头宽度及安全区宽度等。

(1) 下模宽度

从图 4-5 中可知下模宽度的计算公式为

$$端头处模具宽度 W = W_1 + 2W_2 \tag{4-3}$$

式中　W_1——下模座左右端头凹下部分宽度，它是上、下模导向的空间；

　　　W_2——下模左右端头处的缓冲橡胶区域等的宽度，两者都与模具的大小有关。

$$模具中心处宽度 W' = W_1' + 2W_2' \tag{4-4}$$

式中　W_1'——修边凸模和废料切断刀组合起来的宽度，它包含了废料滑道的宽度；

　　　W_2'——前压板槽区域的宽度。

(2) 上模宽度

从图 4-6 中可知上模宽度的计算公式为

$$端头处模具宽度 B = B_1 + 2B_2 \tag{4-5}$$

式中　B_1——上模座左右端头凸起部分宽度，它是上、下模导向的空间；

　　　B_2——上模左右端头处的缓冲橡胶区域等的宽度。

$$模具中间部分宽度 B' = B_1' + 2B_2' \tag{4-6}$$

式中　B_1'——修边凹模及背托组合起来的宽度，也包含了中间压料板的宽度；

　　　B_2'——前后侧加长部分的宽度，如果要与上模压板槽侧平齐，应在上模座修边凹模背托之外再加宽一些。

以上所述的 W 与 B 实际是同一个数值，即上、下模左右端头处的模具宽度数值是相等的。但模具左右端头处的宽度与模具中间部分的宽度不一定相等，取两者之间的较大值作为模具的宽度。从上面两个等式可以知道，模具宽度取决于修边废料的长度。修边废料越长，修边凹模镶块组合起来的宽度就越大，废料从前后排出去的长度空间应越大，模具端头的宽度也越大，因此模具长度就越大。

4.2 修边凸模与修边凹模设计要点

汽车覆盖件修边冲孔模具主要工作部件包括修边凸模与修边凹模、冲孔凸模与冲孔凹模和废料切断刀等。

汽车覆盖件修边冲孔模具修边凸模与修边凹模常用材料有 7CrSiMnMoV（空冷钢）、Cr12MoV 和 SKD11（日本标准 JISG4404 中的牌号，对应我国牌号 Cr12Mo1V1）等钢材。

如果在修边后还有翻边整形工序，则需要试模验证修边线的正确性后，才能正式加工模具上的修边工作部分。

4.2.1 修边凸模设计要点

汽车覆盖件的修边线一般都是不规则 3D 曲面，并且比较长。为便于制造、装配和维修，修边冲孔模的修边凸模多数采用镶块式结构。

(1) 修边凸模形式

① 仅修边的凸模　当修边线宽度小于 500mm 时，修边凸模做成整体式，如图 4-7 (a) 所示。整体式修边凸模前后是刃口，中间用螺钉与圆柱销固定，所受侧向力小。

如图 4-7（b）所示形式的修边凸模，应用在修边线宽度较大的场合。由于前后凸模不是一个整体，工作时将会产生侧向力。因此有必要在凸模刃口远端设置背托，以减小侧向力。背托高度取 30mm 或 40mm，若凸模镶块的高度大于其宽度时，背托面应相应加高。

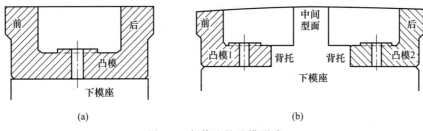

图 4-7　仅修边的凸模形式

② 修边冲孔凸凹模　当修边凸模上有冲孔工作内容时，修边凸模又起到了冲孔凹模的作用，故称为凸凹模。如图 4-8 所示的形式为修边冲孔凸凹模，它与仅修边的凸模唯一的区别在于增加了冲孔内容。左边的一处镶嵌了冲孔凹模嵌套，右边直接加工凹模孔。

（2）修边凸模设计要点

① 凸模镶块大小必须适应加工条件。直线段适当长些，尽量取标准值，一般不超过300mm，形状复杂或拐角处的镶块取短些。

② 凸模刃口镶块之间的结合面宽度，应尽量小些，以消除由于接合面制造的垂直度误差，如图 4-9 所示。

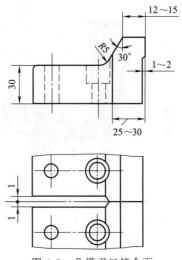

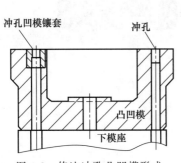

图 4-8　修边冲孔凸凹模形式

图 4-9　凸模刃口接合面

③ 修边凸模的高度不能太低，否则废料滑下困难。修边凸模最低处的高度不小于 80mm。

④ 曲线与直线连接时，结合面应在直线部分，距切点应有一定的距离，一般为 5～7mm。

⑤ 必须在曲线上分块时，结合面应尽量与修边线垂直，以增大刃口强度。

⑥ 对于立边修边的易损镶块，应尽量取最小值，以便更换。

⑦ 为便于加工，镶块最好为矩形块。

⑧ 在平面形状的直线部位进行分块，如图 4-10所示。θ 和 R 特别小时，在 R 的终止点附近的直线部进行分块。质量以 15～20kg 为标准，以 35kg 为

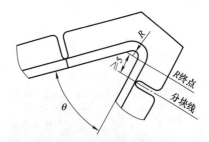

图 4-10　在平面形状的直线部位进行分块

最大。

⑨ 局部为凸、凹点修边时，应采用镶块中再镶入镶块的复合结构，以消除或减小角部应力集中，延长模具寿命。

⑩ 对高度差较大的复杂修边表面，可将修边镶块底面做成阶梯形状，如图 4-11 所示。图 4-11（a）所示的是倾斜角度不大于 30°的情况下的阶梯形状，此时镶块结合面应与底面垂直；图 4-11（b）所示的是倾斜角度大于 30°的情况下的阶梯形状，此时镶块结合面应与刃口垂直。

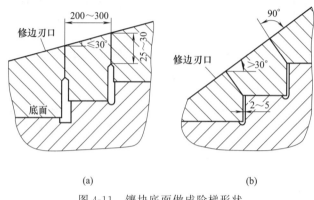

(a)   (b)

图 4-11　镶块底面做成阶梯形状

⑪ 修边凸模分块线与刃口线夹角应在 70°～110°范围内为宜，尽可能垂直，如图 4-12 所示。

图 4-12　分块线与刃口线夹角应在 70°～110°范围

⑫ 修在后序伸长翻边和收缩翻边明显的地方不要分块。

⑬ 修末端部位按如图 4-13 所示分块。

⑭ 修镶块尽量避免出现尖角，如图 4-14 所示。

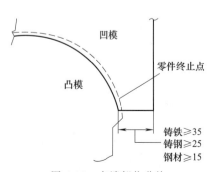

图 4-13　末端部位分块

图 4-14　镶块尽量避免出现尖角

⑮ 修每个修边凸模镶块应方便单独起吊。

⑯ 修修边凸模的刃口型面应与修边件有一定的符型面，如图 4-15 所示。修边外周沿刃口应确保符型带宽度在 45mm 以上，如图 4-15 （a）所示的 B 和 A 处。但如图 4-15 （b）所示，若 A 取 45mm，镶块呈锐角时，会划伤制件，并且卸料板会产生过大的侧向力。故应加大符型带的宽度，在 R 圆弧消失线外应加宽 20mm 以上。

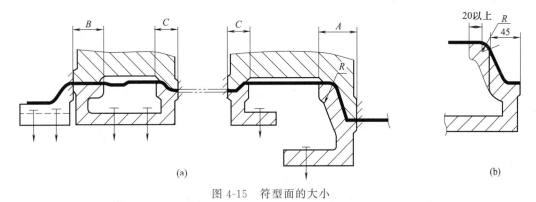

图 4-15　符型面的大小

⑰ 修凸模镶块接合面与凹模镶块接合面不应重合，应错开 5mm 以上，否则会出现修边毛刺，影响制件质量，如图 4-16 所示。

⑱ 修修边凸模刃口尽量与凹模刀修边线长度一致，如图 4-17 所示。

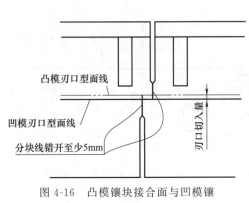

图 4-16　凸模镶块接合面与凹模镶块接合面应错开 5mm 以上

图 4-17　修边凸模刃口与凹模刃口修边线长度一致

⑲ 修修边凸模刃口的让空。修边凸模刃口让空应根据如图 4-18 所示的要求加工。

（3）修边凸模刃口镶块的平衡与固定

① 凸模刃口镶块的平衡。由于修边凸模是镶块结构，作用于刃口镶块上的剪切力及相伴而生的侧向力和卸料力，将使镶块沿受力方向产生位移翻转力矩。为保证冲裁刃口间镶块隙的均匀性，有必要在镶块上施加压力，以平衡掉由于剪切而产生的侧向力等。而由于修边件材料厚度不同，剪切力相差较大，因此经过大量的计算及实践，通常采用下列三种结构，如图 4-19 所示。

图 4-19 （a）所示的结构，适用于覆盖件材料厚

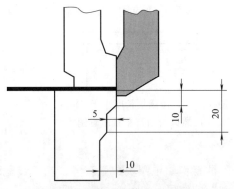

图 4-18　修边凸模刃口让空

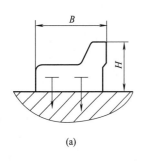 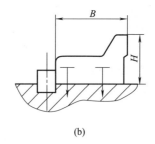 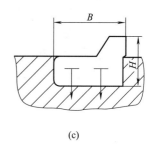

图 4-19　凸模刃口镶块的平衡

度小于 1.2mm 的修边，应用范围和效果不如图 4-19（b）和图 4-19（c）所示的结构。

图 4-19（b）和（c）所示的结构，可防止镶块产生偏移，并且装配方便，适用于材料厚度大于 1.2mm 的修边。尤其图 4-19（c）所示的结构，在大型覆盖件修边模中被普遍采用。

如图 4-19 所示的刃口镶块的宽度与高度比应为 $B=(1.5\sim1.8)H$。

② 凸模刃口镶块的固定。修边凸模刃口镶块一般使用螺钉与销钉固定在下模座上。

a. 需要设置螺钉和销钉的情况。对于单个的凸、凹模刃口镶块，一般在其上面设置 2 个销钉，布置在镶块的后侧，孔距应尽量大；设置若干个螺钉（利用沉头孔安装），布置在刃口一侧，均布。

如图 4-20 所示的是两种螺钉和销钉的布置示意图。

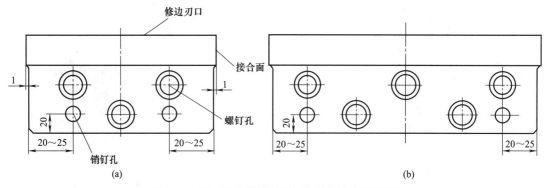

图 4-20　刃口镶块的两种螺钉与销钉布置示意图

图 4-20（a）的结构适用于长度 200～300mm 的刃口镶块；图 4-20（b）的结构适用于长度大于 300mm 的刃口镶块。

a）钢件刀块使用 M12 螺钉和 ϕ12 销钉。

b）铸件刀块使用 M16 螺钉和 ϕ16 销钉。

c）对于长度小于 200mm 的单个凸模刃口镶块，螺钉和销钉的布置如图 4-21 所示。

b. 不需要（或少设置）销钉的情况

a）镶块四个方向位置已定死，可不要销钉。

b）后面有背托时，镶块可设一个销钉。

c）三面被其他镶块围住，可设一个销钉。

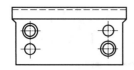

图 4-21　刃口镶块长度小于 200mm
的螺钉与销钉布置示意图

注意：如果镶块数量较多，钳工装配时识别困难，因此要求镶块和模具上要同时刻（粘）上对应的件号。

(4) 生产中修边凸模镶块的应用实例（见表4-1）

表4-1　修边凸模镶块的应用实例

类　　型	简　　图
没有后背托	2个定位销　螺钉
有一个后背托	垫板　2个定位销　后背托
有两个后背托	垫板　2个定位销　后背托　2个定位销　垫板　后背托
有三个后背托	螺钉　垫板　后背托　2个定位销

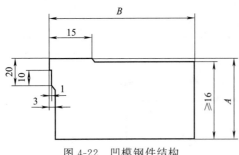

图 4-22　凹模钢件结构

图中凹模高度 A：$50\text{mm} \leqslant A \leqslant 200\text{mm}$；

4.2.2　修边凹模设计要点

修边冲孔模的修边凹模同修边凸模一样，多数采用镶块式结构，工作时它与修边凹模配合完成工序件与废料的分离。

（1）修边凹模断面形状

① 钢件结构，如图 4-22 所示。

图中凹模宽度 $B \geqslant (1.2 \sim 1.5)A$（mm）。

② 铸件结构，如图 4-23 所示。

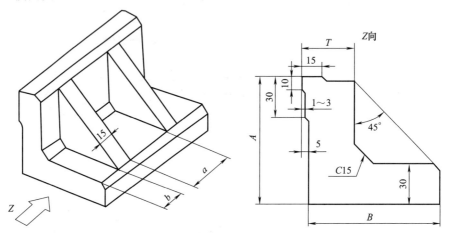

图 4-23　凹模铸件结构

凹模宽度 B：$B \geqslant (1.2 \sim 1.5)A$；

筋位置：$a \leqslant 200\text{mm}$；$40\text{mm} \leqslant b \leqslant 60\text{mm}$；

$A \leqslant 60\text{mm}$ 时不设加强筋；

刃口厚度 T：$40 \sim 50\text{mm}$。

（2）修边凹模设计要点

① 凹模镶块的长度一般不超过 350mm，每块能单独起吊，大多设计 M16 或 M12 的起吊螺孔。

② 凹模镶块高度 H 与宽度 B 的比值 $H/B \leqslant 1.1$，以防止失稳。

③ 修边凹模的刃口也应与修边件形状相符。但由于考虑废料刀及加工条件限制，凹模刃口型面往往与制件表面不符型。

④ 镶块工作间隙小于 0.03mm。

⑤ 分块线处相邻修边凹模镶块的配合长度取 40mm，其余可避开 5~10m，如图 4-24 所示。

⑥ 当修边线处型面落差较大时，应分成有台阶的镶块，多个修边凹模镶块的底面不在同一个平面上，如图 4-25 所示。

图 4-24　镶块配合面

⑦ 急剧斜面上的分块应避免交角。当断面形状中 $\alpha \leqslant 60°$ 时，应按如图 4-26 所示进行分块。

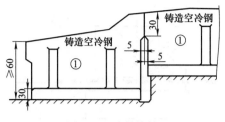

图 4-25　阶梯镶块

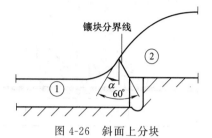

图 4-26　斜面上分块

（3）修边凹模的平衡与固定

① 凹模刃口镶块的平衡。凹模刃口镶块的平衡与凸模刃口镶块的平衡相同。

② 凹模刃口镶块的固定。修边凹模刃口镶块一般使用螺钉与销钉固定在上模座上。凹模刃口镶块的固定与凸模刃口镶块的固定相同。

4.3　形状刃口及刃口切入量设计要点

使用形状刃口的前提是：

① 料厚≥1.2mm 时；

② 修边力≥冲压机床载荷的 60% 以上时；

③ 修边模具面积≤机床台面面积的 40% 以下时；

④ 修切边力≥机床载荷的 40% 以上时。

对于满足以上其中之一项时，修边模具需要制作形状刃口。

4.3.1　形状刃口设计要点

① 修边尺寸比较长时，应设波浪刃口，一般一个波浪刃口起伏变化间距为 200～300mm，如图 4-27 所示。

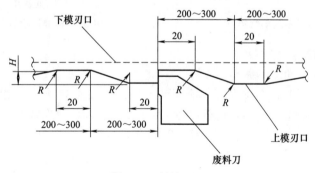

图 4-27　波浪刃口

图中　R——转角处 R 角，为 20～40mm；

　　　H——波浪刃口高度，mm。

一般波浪形刃口设置的高低点应为制件板材厚度 t 的 2 倍以上。

② 波浪刃口必须设计在废料一侧，如图 4-28 所示。

③ 修边（落料）时，波浪刃口设计在凹模上，如图 4-29 所示。

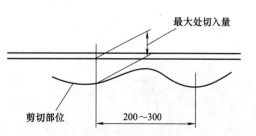

图 4-28　波浪刃口设计在废料一侧

④ 冲孔时，波浪刃口设计在凸模上，如图 4-30 所示。

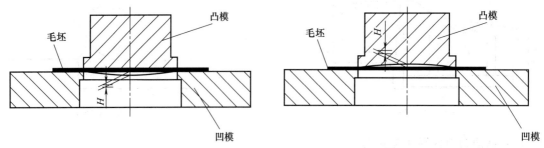

图 4-29　落料时波浪刃口设计　　　　　　图 4-30　冲孔时波浪刃口设计

⑤ 每个镶块上尽可能取半个波浪或一个波浪：一个波浪的高点，取在镶块中间。

⑥ 产品切断时，不设形状刃口，如图 4-31 所示。

4.3.2　修边刃口切入量设计要点

(1) 平面修边切入量

平面修边刃口切入量，如图 4-32 所示。

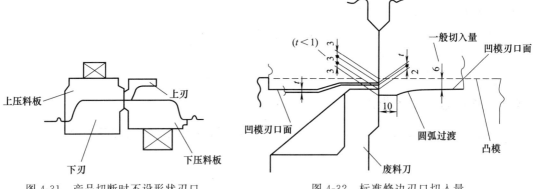

图 4-31　产品切断时不设形状刃口　　　　图 4-32　标准修边刃口切入量

(2) 立切部位切入量

① 立切修边时立切角度不能小于 5°。

② 立切角度大于 5°时，必须保证其沿面切入量，如图 4-33 所示，注意立切角度（θ）与立切吃入量（H）之间的关系。H 值必须满足表 4-2 中所列数值或者由下面的公式计算求出。

$$H = 2(3)/\sin\theta \tag{4-7}$$

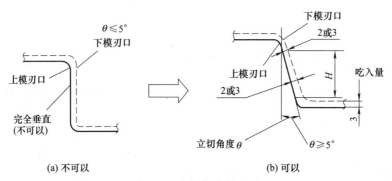

图 4-33　立切部位切入量

表 4-2　立切角度（θ）与立切切入量（H）之间的关系

θ	沿型面切入量/mm	H（立切切入量）/mm	
5°	2 或 3	23	（34）
10°		12	（17）
15°		8	（12）
20°		6	（9）

4.4　冲孔凸模与凹模设计要点

4.4.1　冲孔凸模设计要点

（1）冲孔凸模形式

除了标准冲孔凸模外，在修边冲孔模具中使用的冲孔凸模形式见表 4-3。

表 4-3　冲孔凸模形式

形式	球锁式	台肩式	整体式	堆焊式	铸造式	混合式
简图				钢基	钢基 淬火	钢基 合金钢

（2）冲孔凸模尺寸的确定

① 经验算法

凸模尺寸＝孔的基本尺寸 ＋ 孔的下偏差 ＋ 0.75×（孔的上偏差－孔的下偏差）

如以 $\phi15$ 的孔为例，上偏差为＋0.25，下偏差为 0，则凸模尺寸为：

（15－0）＋0＋0.75×0.25＝15.1875≈15.2（mm）。

冲孔凸模的尺寸计算后，保留小数点后一位，四舍五入。

② 选择标准冲孔凸模。

③ 凸模长度应根据模具结构确定。

（3）斜面冲孔凸模设计要点

如图 4-34 所示，用直径 d 的凸模，在斜面倾角为 θ、料厚为 t 的板料上冲孔，实际冲孔尺寸为：

$$D = d/\cos\theta - t\tan\theta \tag{4-8}$$

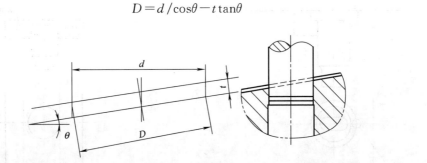

图 4-34　斜面冲孔

式中　D——实际冲孔尺寸，mm；

$\quad\quad$ d——冲孔凸模直径，mm；

$\quad\quad$ θ——斜面倾角，(°)；

$\quad\quad$ t——材料厚度，mm。

① 当斜面与冲压方向夹角不超过7°时，冲头直径与产品图要求一致。

② 当倾斜角超过7°、对孔径精度要求比较高时，就需要进行孔径的预确定。在了解孔用途的基础上，决定用与不用。如果保证加工后的孔呈圆形孔，需要把冲孔凸模和凹模变成椭圆，椭圆冲头长、短轴直径分别为 D 和 d，则

$$d = (D + \tan\theta)\cos\theta \tag{4-9}$$

③ 冲孔孔径 D 与最大倾斜角 θ 的关系见表 4-4。

表 4-4　冲孔孔径 D 与最大倾斜角 θ 的关系

孔径 ϕ/mm	最大倾斜角度 θ/°	孔径 ϕ/mm	最大倾斜角度 θ/°	孔径 ϕ/mm	最大倾斜角度 θ/°
$4 \leqslant D \leqslant 6$	$\leqslant 6$	$6 < D \leqslant 12$	$\leqslant 10$	$D > 12$	$\leqslant 15$

（4）异形冲孔凸模尺寸确定

对于不是回转体的异形冲孔凸模尺寸的确定，请参阅相关资料。

（5）冲孔凸模的固定方法

① 圆形冲孔凸模的固定

a. 球锁紧快换式固定板固定，如图 4-35 所示。此固定方式适用于冲孔直径不大于 $\phi6.5$mm、板厚≤1.2mm 的情况。

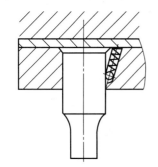

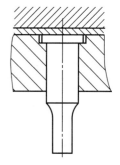

图 4-35　球锁紧快换式固定板固定　　　　　　　　图 4-36　凸肩式固定板固定

b. 凸肩式固定板固定，如图 4-36 所示。此固定方式适用于不能使用球锁紧快换式的场合。

② 异形冲孔凸模的固定

a. 销式和槽式固定，如图 4-37 与图 4-38 所示。

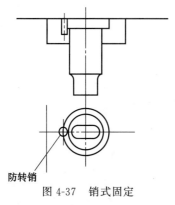

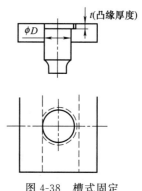

防转销

图 4-37　销式固定　　　　　　　　　图 4-38　槽式固定

b. 异形冲头须有防转面，如图 4-39 所示。

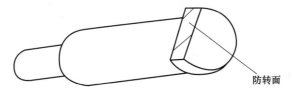

防转面

图 4-39　异形冲头的防转面

c. 分体式和一体式（根据凸模与固定座是否分离而确定）固定，如图 4-40 和图 4-41 所示。

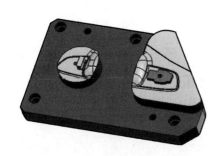

图 4-40　分体式

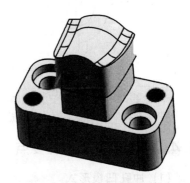

图 4-41　一体式

③ 凸模的安装座固定

a. 与上模座铸件一体。这种结构适用于多孔并预料不到以后是否有设计更变的场合，如图 4-42 所示。

图 4-42 中，座的高度 H 和宽度 L 的关系是：

$$H \leqslant 4L - 100 \tag{4-10}$$

式中，L 的值 $\geqslant 50$mm。

在设计时，固定底座应尽可能宽，其 W 尺寸不小于 10mm，以防止孔位置变更或修改。

b. 分块式。这种结构适用于预料到孔位置更改（通过设计更改）及修正时，如图 4-43 所示。

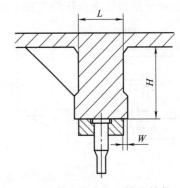

图 4-42　凸模安装座与上模座铸件一体

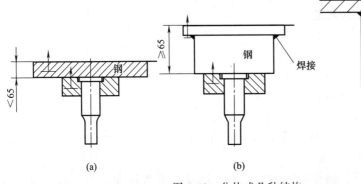

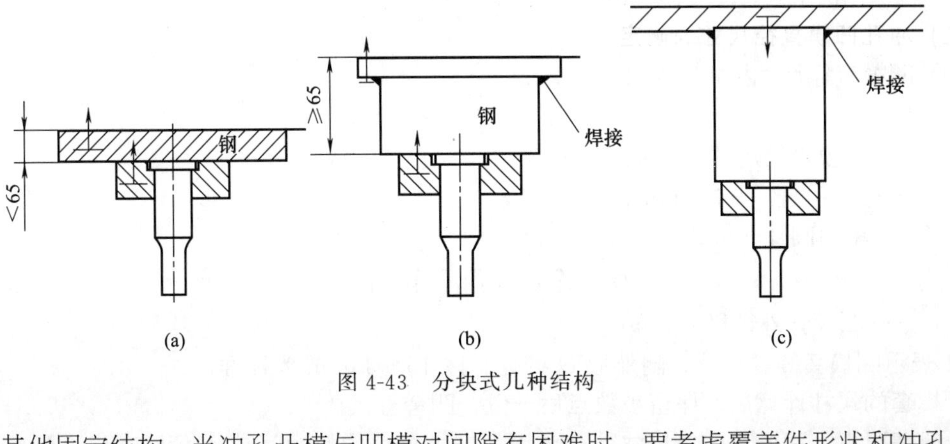

图 4-43　分块式几种结构

④ 其他固定结构　当冲孔凸模与凹模对间隙有困难时，要考虑覆盖件形状和冲孔位置，采取以下结构：

a. 使钳工调整间隙方便，在靠近凸模使用的侧面尽量设计铸造孔，如图 4-44 所示。

b. 在冲孔凸模附近的凹模镶块设计时考虑采用工艺垫板，保证钳工有 100mm 以上的操作空间，如图 4-45 所示。

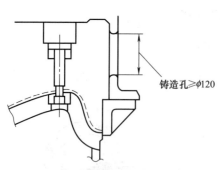

图 4-44　靠近凸模使用的侧面尽量设计铸造孔

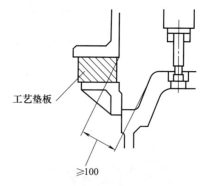

图 4-45　保证有 100mm 以上的操作空间

c. 必要时，可使用安装凸模用的辅助安装板，如图 4-46 所示。

d. 长圆孔、异形孔等的凸模固定板尽可能设计成独立结构。

4.4.2　冲孔凹模设计要点

(1) 冲孔凹模形式

在汽车覆盖件修边冲孔模中，对于冲小圆孔及形状孔的凹模，一般都使用圆筒式凹模套结构，这对于维修和更换比较方便。圆筒式凹模套如图 4-47 所示。

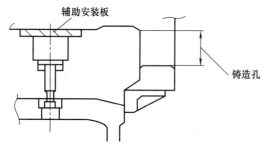

图 4-46　使用安装凸模用的辅助安装板

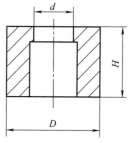

图 4-47　圆筒式凹模套

凹模套适用于冲孔直径≤30mm 并有标准系列。

(2) 冲孔凹模直径尺寸的确定

冲孔凹模直径尺寸按式 (4-11) 计算

$$d = d_1 + 2Z \tag{4-11}$$

式中　d——凹模直径尺寸，mm；

d_1——凸模直径尺寸，mm；

Z——单面间隙，mm。

$$D = \sqrt{d^2 + (16t + 10)d + 25} \tag{4-12}$$

式中　D——凹模套外径尺寸，mm。

H 表示凹模套高度尺寸，随外形 D 变化，以 15～30mm 为标准。

凹模套的尺寸计算后，保留小数点后一位，四舍五入。

一般情况下，凹模套刃口尺寸是冲头尺寸加上板料的双面间隙值。而对于如图 4-48 所示的这种特殊孔，凹模套刃口尺寸的值是减去间隙值。

（3）凹模套刃口高度值的确定

如果冲孔的位置是在平面上，则凹模套的刃口值取 8mm；如果是在斜面上，如图 4-49 所示，要保证最低处刃口高度，最少 5mm。

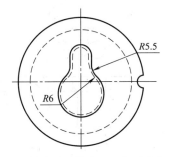

图 4-48　特殊孔凹模套刃口尺寸值的确定

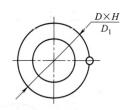

图 4-49　凹模套刃口高度值的确定

（4）凹模在平面图上标注方法

圆筒式凹模套高度及铸件上加工的漏料孔尺寸大小需在平面图上标注，标注方法如图 4-50 所示。

图中 D 表示凹模套直径，H 表示凹模套高度，D_1 表示铸件上加工的漏料孔孔径，凹模套直径对应的漏料孔直径见表 4-5。

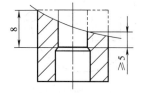

图 4-50　凹模套高度及铸件漏料孔标注

（5）异形冲孔凹模套的尺寸确定

对于不是回转体的异形冲孔凹模尺寸的确定，请参阅相关资料。

（6）凹模套的防转

冲非圆形孔使用的圆形凹模套（或凸模）必须要注意防转方向，如图 4-51 所示。

表 4-5　凹模套直径对应的漏料孔直径　　　　mm

D	8	10	13	16	20	22	25	32	38	40	45	50	56	63	71
D_1	5	7	9	11	13	15	17	21	27	29	37	42	47	52	58

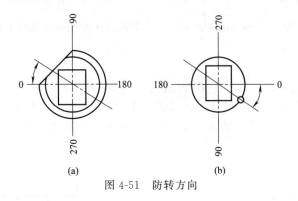

(a)　　　　　　　　　　(b)

图 4-51　防转方向

冲圆孔凹模套的防转形式有圆销防转和键防转（一般不采用），如图 4-52 和图 4-53 所示。

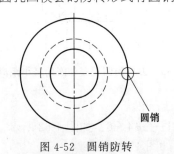

图 4-52　圆销防转

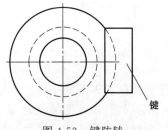

图 4-53　键防转

（7）一体圆筒式凹模设计要点

① 一体圆筒式凹模设计如图 4-54 所示，两孔之间的壁厚，当孔径小于 $\phi 4$ 时的要求如图 4-55 所示；当孔径在 $\phi 4 \sim \phi 10$ 之间时的要求如图 4-56 所示。

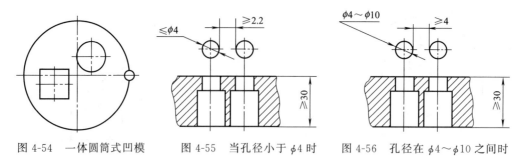

图 4-54　一体圆筒式凹模　　　图 4-55　当孔径小于 $\phi 4$ 时　　　图 4-56　孔径在 $\phi 4 \sim \phi 10$ 之间时

② 可以将一体圆筒式凹模切割成如图 4-57 所示的两体结构。

（8）凹模孔与修边线的壁厚

凹模孔与修边线的壁厚要求如图 4-58 所示。如果凹模孔径大于 $\phi 12$ 时，壁厚可适当增加。

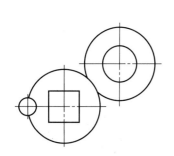

图 4-57　切割成两体结构

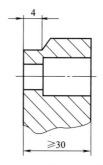
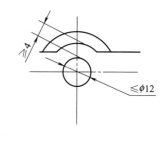

图 4-58　凹模孔与修边线的壁厚要求

以上尺寸适用于料厚小于 0.8mm 的场合，料厚大 0.8mm 时壁厚酌加。如果凹模材料为 CH-1 时，最小壁厚为 6mm。

（9）凹模的固定

① 使用圆筒式凹模套时，为便于更改孔位置，必须采用镶块座。

② 将圆筒式凹模装入淬火钢材时，必须装入 45 钢的镶套，如图 4-59 所示。

③ 堆焊部分的圆筒式凹模的装入，从刃口到圆筒凹模套外圈的最小距离为 6mm，如图 4-60 所示。

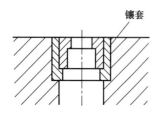

图 4-59　装入 45 钢的镶套

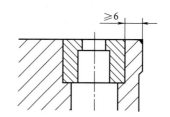

图 4-60　刃口到凹模套外圈的最小距离

④ 圆筒式凹模下面的壁厚应不小于 25mm，如图 4-61 所示。

⑤ 形状孔的圆筒式凹模上必须设置防转销。防转销的直径 $\phi 4 \sim 6$，如图 4-62 所示。

⑥ 同规格异形冲头的止转面尽量相同，以方便互换，如图 4-63 所示。

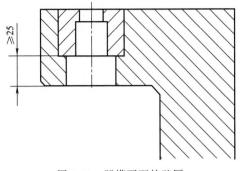

图 4-61 凹模下面的壁厚

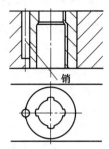

图 4-62 凹模设置的防转销

(a) 不合理

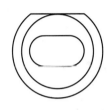

(b) 合理

图 4-63 同规格异形冲头止转面设置

4.4.3 冲孔切入量设计要点

① 平面冲孔时一定要保证凸模进入凹模 3～5mm（扣除板厚之后）。

② 在倾角小于（或等于）15°时，凸模端面做成平的，如图 4-64 所示。

③ 当倾角大于 15°时，为防凸模因侧向力折断（或刃口破损），必须将形状刃口设计成如图 4-65 所示，取 $C>A>B$，并注意防转。

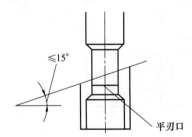

图 4-64 倾角小于（或等于）15°时

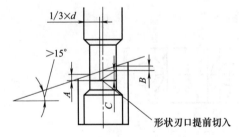

图 4-65 倾角大于 15°时

注：图 4-65 中的 d 为冲孔凸模直径。

④ 切入量

a. 当孔径 $>\phi 6$ 时，取 3～5mm。

b. 当孔径 $\leqslant \phi 6$ 时，取 2mm 以下。

4.5 废料切断刀设计要点

废料切断刀的作用是把大块废料分成多个小块。大块的废料通过滑道滑出机台或模具外，小块废料用废料盒收集。

废料切断刀的材质为 SKD11（或 7CrSiMnMoV 和 Cr12MnV），热处理硬度 58～62HRC。

4.5.1 废料切断刀结构设计要点

(1) 常见的废料切断刀的结构形式

常见的废料切断刀的结构形式有符型废料切断刀、丁字与 L 形废料切断刀三种。

① 符型废料切断刀 符型废料切断刀其刃口形状根据废料的形状而定，如图 4-66 所示。实线表示凸模废料切断刀刃口，虚线表示凹模废料切断刀刃口。

② 丁字与 L 形废料切断刀（通用型） 这两种废料切断刀适用于小批量、材料厚度小于 1.6mm 的薄料以及不带形状废料的切断，如图 4-67 所示的为通用形的丁字与 L 形废料切断刀立体图，如图 4-68 所示的为通用型的丁字与 L 形废料切断刀二维图，其尺寸规格见表 4-6。

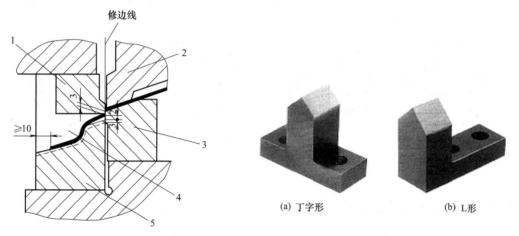

图 4-66 符型废料切断刀

1—上模凹模；2—压料板；3—下模凸模；
4—凹模废料切断刀；5—凸模废料切断刀

图 4-67 丁字与 L 形废料切断刀立体图

(a) 丁字形　　(b) L 形

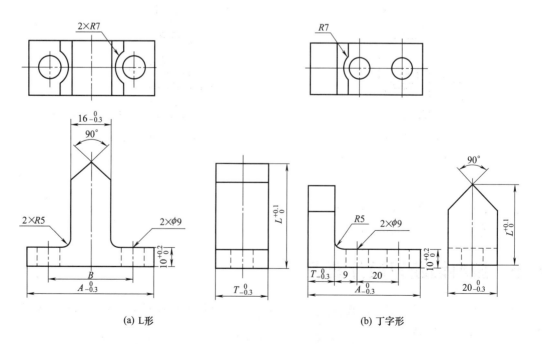

(a) L 形　　　　(b) 丁字形

图 4-68 丁字与 L 形废料切断刀二维图

表 4-6　丁字与 L 形废料切断刀尺寸规格 mm

A	B	类型	T	L
48			10	
54		L	16	20 30 40 50 60
63			25	
50	32	T	20	30 40 50 60 70 80 90 100
			25	
			30	

如图 4-69 所示为丁字形废料切断刀的应用示例。

（2）有支承与无支承型废料切断刀

如图 4-70 所示的为有支承与无支承型废料切断刀，其使用要求及尺寸见表 4-7。

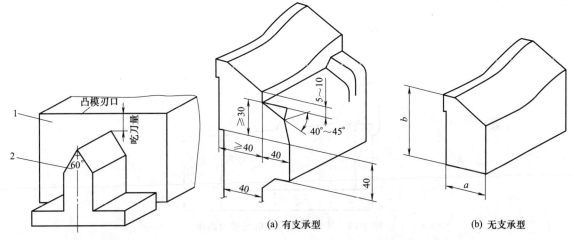

图 4-69　丁字形废料切断刀应用示例

1—凸模；2—废料切断刀

(a) 有支承型　　(b) 无支承型

图 4-70　有支承与无支承废料刀

表 4-7　有支承与无支承型废料切断刀使用要求及尺寸 mm

料厚×抗拉强度/MPa	支承	a	b	定位孔直径	备注
≤450	无	≥50～60	<180	$\phi 13$	不满足 a×b 时有支承
		>60	≤250		
>450	有	40	无需求	$\phi 10$	

（3）切断刀刃口长度

切断刀刃口长度应比预计的废料宽度长 10mm 以上，如图 4-66 所示。

如图 4-71 所示是两个比较具有代表性的示例。

图 4-71 (a) 中，110mm≤L<140mm；图 4-71 (b) 中，L≥140mm。

4.5.2　废料切断刀设置设计要点

① 废料切断刀的高度与废料形状有关，如果高度过小，废料切断刀凸台会影响废料的滑出。考虑到废料滑板的安装，废料切断刀型面（即刀面）最低点到底面高度至少应为 50mm，如图 4-72 所示。

② 废料切断刀的高度也不宜太高，否则会出现失稳现象。

③ 废料切断刀的宽度一般为 60mm 左右。宽度过大会影响废料滑出，过小会影响螺钉和圆柱销的布置。

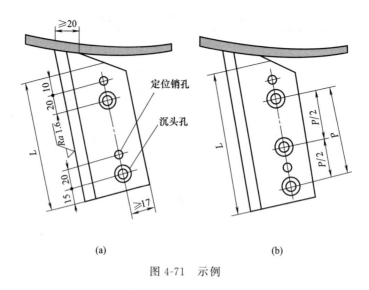

(a)　　　　　　　　　　(b)

图 4-71　示例

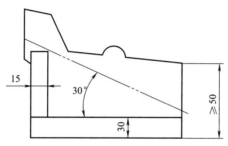

图 4-72　废料切断刀应取足够的高度

④ 应考虑紧固螺钉的头不妨碍废料流出。

⑤ 考虑到废料的大小、流出，加强筋应尽可能取在内侧。

⑥ 保证废料排除通畅，要考虑废料各向翻转都能顺利落下。

⑦ 为防止侧向力，当工件材料厚度大于 1.5mm 时，废料切断刀应设置背托。

4.5.3　废料切断刀布置设计要点

废料切断刀有两种安装位置：一种是安装在拉延件凸缘修边模上用于切断整圈废料，以便于废料的顺利清除；另一种是安装在压力机或模具上用于将条（带、卷）状废料按定长切断以利清除的废料刀。

① 为了使废料容易落下，废料切断刀的刃口开口角度常取 0°～10°。一般废料切断刀的布置以单侧落下为原则，即顺时针或逆时针沿修边线一周布置，其方向基本上与该处修边线的法向一致，如图 4-73 所示。

② 废料切断刀的刃口开角相对于修边线基本调整到直角，如图 4-74 所示；若与凹陷曲线相交时，则与模具中心线平行，如图 4-75 所示。

③ 当修边线型面倾斜时，按如图 4-76 所示布置废料切断刀。

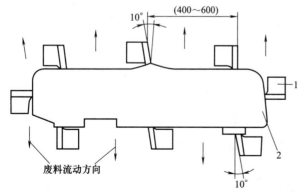

图 4-73　废料切断刀的布置
1—废料切断刀；2—凸模

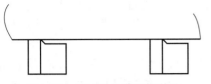

图 4-74 刃口开角调整到直角

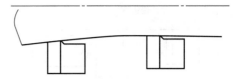

图 4-75 刃口开角调整到与模具中心线平行

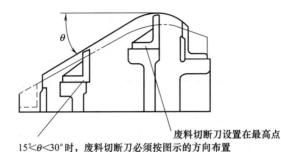

废料切断刀设置在最高点

15°≤θ<30°时，废料切断刀必须按图示的方向布置

图 4-76 当修边线型面倾斜时废料切断刀的布置

④ 切角时，刀座不要突出修边线外，如图 4-77 所示。废料刀的刃口应靠近 R 与切线的交点处，如图 4-78 所示，以便废料顺利滑下。当角部废料靠自重落下时，废料重心必须在图示的 A 线外侧。

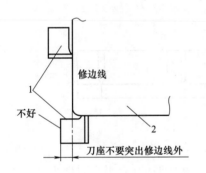

图 4-77 切角时，刀座不要突出修边线外

1—刀座；2—修边凸模

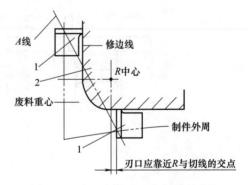

图 4-78 刃口应靠近 R 与切线的交点

1—废料刀；2—修边凸模

⑤ 修边线有凸台或凹槽形状时，要在凸起部位布置废料切断刀，以防废料卡住，如图 4-79所示。当不能按图示布置时，废料必须强制落下。

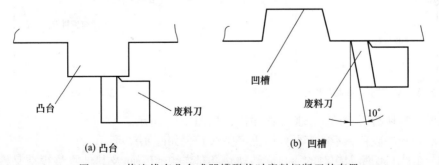

(a) 凸台　　　　　　　　(b) 凹槽

图 4-79 修边线有凸台或凹槽形状时废料切断刀的布置

废料强制落下的措施有以下几点：

a. 在上模安装提升臂，修边后将废料钩起、翻转。

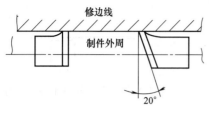

图 4-80　相对废料切断刀的布置

b. 在下模安装汽缸,修边后将废料顶起、翻转。

c. 在上模修边凹模上设置弹顶销,修边后将废料顶下去。

⑥ 废料切断刀的垂直壁应尽可能避免相对布置。但当不可避免相对布置时,可改变刃口角度,如图 4-80 所示。此时应将废料刀下面挖空,使上模的凹模切入废料刀挖空部位以下,以便使废料滑下,如图 4-81 所示。

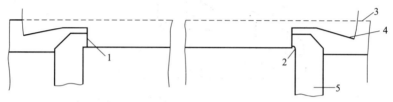

图 4-81　相对布置的废料切断刀下面挖空
1—垂直壁;2—让料角;3—下模凸模刃口;4—上模凹模刃口;5—废料切断刀

⑦ 下模用的废料切断刀应避开镶块拼接线刃口的接缝,如图 4-82 (a) 所示,以防止崩刃,提高模具寿命。上模用的废料切断刀刃口要利用镶块拼接线刃口的接缝,如图 4-82 (b) 所示,否则既不便于模具加工,又容易造成刃口损坏。

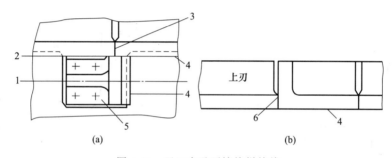

(a)　　　　　　　　　　(b)

图 4-82　刃口应避开镶块拼接线
1—制件轮廓线;2—修边线;3—修边刃口接缝;4—刃口;5—废料切断刀;6—废料刀切断刃

⑧ 下模废料切断刀首先布置在修整线角部附近(与角 R 没有关系),如图 4-83 所示。

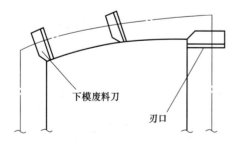

图 4-83　下模废料切断刀布置在修整线角部附近

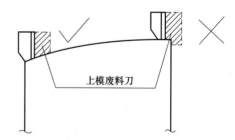

图 4-84　模废料刀不加工修整线的角部

⑨ 上模废料切断刀不加工修整线的角部,如图 4-84 所示。

⑩ 对于同一块废料,不能有两处以上修整线角,如图 4-85 所示。

⑪ 与一个废料切断刀相对的废料旋转轨迹不能与其切刃面及其他修整线交叉,如图 4-86 所示。

⑫ 切刃面与修整线切线形成的角度在 90°以上 120°以下,即 $90° \leqslant \theta \leqslant 120°$,如图 4-87 所示。

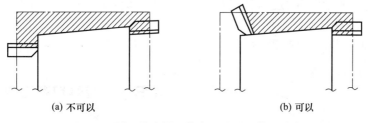

图 4-85 同一块废料不能有两处以上修整线角

图 4-86 废料旋转轨迹不能与其切刃面及其他修整线交叉

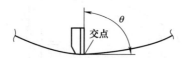

图 4-87 切刃面与修整线切线形成的角度在 $90° \leqslant \theta \leqslant 120°$ 之间

⑬ 一个切刃面与其相邻的切刃面应平行或者朝向产品的外侧扇形展开,如图 4-88 所示。

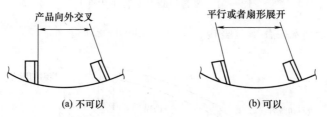

图 4-88 切刃面应平行或者朝向产品的外侧扇形展开

⑭ 废料切断刀要避开废料宽的地方布置。

⑮ 在精度要求高或伸长翻边处不要设置废料切断刀。

⑯ 生产中的应用。

如图 4-89 (a) 所示的 A、D、E 和 G 处的废料切断刀设置不合理,应修改成如图 4-89 (b) 所示的 A'、D'、E' 和 G' 处的样式。

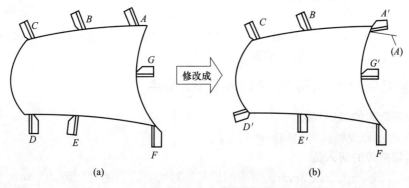

图 4-89 生产中的应用

如图 4-89（a）所示的 *A* 处废料旋转轨迹与其他的修整线交叉，有与角部接触的可能；如图 4-89（a）所示的 *D* 处废料切断后成匚字形，有与角部接触的可能；如图 4-89（a）所示的 *E* 处废料附着在刃上并保持原有状态；如图 4-89（a）所示的 *G* 处废料旋转轨迹与 *G* 的刃面交叉。

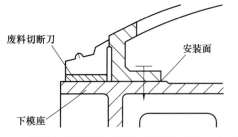

图 4-90　废料切断刀下底面应与安装面在同一水平面

4.5.4　废料切断刀安装与固定设计要点

（1）废料切断刀安装位置的设计要点

① 废料切断刀安装在下模座上，其下底面与安装面为同一水平面，如图 4-90 所示。

② 废料切断刀安装在凸模上，如图 4-91所示。

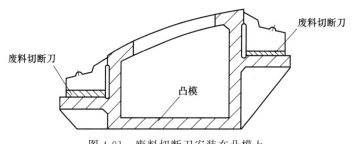

图 4-91　废料切断刀安装在凸模上

③ 废料切断刀分别安装在下模座和凸模上，如图 4-92 所示。

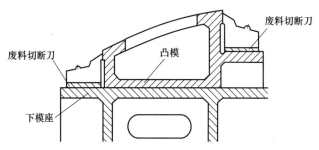

图 4-92　废料切断刀分别安装在下模座和凸模上

（2）废料切断刀安装固定的设计要点

废料切断刀一般使用两个螺钉和两个圆柱销固定。当工件料厚＞2mm 时采用 M16 螺钉和 ϕ16 圆柱销固定；当工件料厚≤2mm 时采用 M12 螺钉和 ϕ12 圆柱销固定。考虑到布置空间不足，也可以用 M10 螺钉和 ϕ10 圆柱销固定。

4.5.5　废料切断刀的刃部尺寸及切入量设计要点

（1）废料切断刀的刃部尺寸

如图 4-93 所示为废料切断刀的刃部尺寸简图。

（2）废料切断刀的切入量

假设工作时凹模进入凸模 3mm，修边凹模与废料切断刀的高度距离为 2mm，则废料切断刀的型面比凸模型面低 5mm。因此，废料切断刀的切入量见表 4-8（表中意义见图 4-93）。

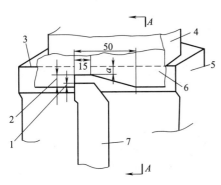 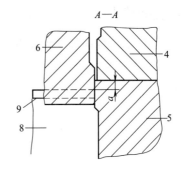

图 4-93 废料切断刀刃部尺寸
1—切断刀切入量；2—切入深度；3—修边刃口；4—压料板；
5—下模凸模；6—上模凹模；7—切断刀；8—废料刀；9—切刀刃口

表 4-8 废料切断刀切入量　　　　　　　　　　　　　　　mm

项　　目	$t < 1.2$	$t \geqslant 1.2 \sim 1.6$
切断刀切入量	.2～3	3
上模的切入深度	切断刀切入量+t+2	切断刀切入量+$2t$
最小切入量 a	3	$2t$

注：t—材料厚度。

4.6　修边冲孔间隙设计要点

　　修边、冲孔及切断间隙是修边冲孔模具设计中一个重要的工艺参数，它对覆盖件的断面质量、尺寸精度、冲裁力和模具的寿命等都有直接的影响。因此，设计修边冲孔模具时一定要选择一个合理的修边、冲孔及切断间隙值。

　　合理间隙值指的是一个范围值，即最大合理间隙与最小合理间隙。间隙的确定是综合考虑各个因素的影响，选择一个适当的间隙范围作为合理间隙。其上限为最大合理间隙，下限为最小合理间隙。在设计修边冲孔模具时，应根据工件和生产上的具体要求按下列原则进行选取。

　　① 修边尺寸取决于凹模尺寸（基准侧），间隙取在凸模上。

　　② 冲孔尺寸取决于凸模尺寸（基准侧），间隙取在凹模上。

　　③ 当工件的断面质量没有严格要求时，为了提高模具寿命和减小冲裁力，可以选择较大间隙值。

　　④ 当工件断面质量及制造公差要求较高时应选择较小间隙值。

　　⑤ 当设计新模具计算修边冲孔（冲裁）模具刃口尺寸时，考虑到模具在使用过程中的磨损会使刃口间隙增大，应当按间隙的最小值来计算。

　　⑥ 在同样的条件下，非圆形凸、凹模刃口形状比圆形的间隙大。

　　⑦ 在同样的条件下，冲孔比修边（落料）间隙大。

　　⑧ 凹模为斜壁刃口时，应比直壁刃口间隙小。

　　⑨ 对需要攻螺纹的孔，间隙应取小一些。

　　⑩ 采用弹性压料装置时，间隙可以大一些。

　　确定合理间隙值的方法有计算法、经验法、查表法三种。

4.6.1 修边间隙设计要点

(1) 水平面修边合理间隙设计要点

水平面修边间隙值按落料对待，其尺寸基准为凹模尺寸，间隙取在凸模上。

① 计算法 该方法的理论依据是保证上下裂纹重合，以获得良好的断面质量。根据图 4-94 所示的几何关系可得：

$$Z = 2(t - h_0)\tan\beta = 2t\left(1 - \frac{h_0}{t}\right)\tan\beta \tag{4-13}$$

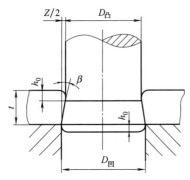

图 4-94 落料时几何关系

式中　t——材料厚度，mm；

h_0——产生裂纹时凸模挤入的深度，mm；

$\dfrac{h_0}{t}$——产生裂纹时凸模挤入的相对深度，查表 4-9；

β——最大剪应力方向与垂线间的夹角，查表 4-9。

由上式可知：间隙值的大小 Z 主要与材料厚度 t、相对切入深度 h_0/t 及裂纹方向 β 有关。而 h_0 和 β 又与材料性质有关，材料越硬，h_0/t 越小，因此，影响间隙值的主要因素是材质与料厚。材料越硬越厚，其所需合理间隙值越大，反之则越小。由于理论计算法在生产中使用不方便，故目前广泛使用经验公式及查表确定。

表 4-9 $\dfrac{h_0}{t}$ 与 β 值

材料	h_0/t		$\beta/(°)$	
	退火	硬化	退火	硬化
软钢、纯铜、软黄铜	0.5	0.35	6	5
中硬钢、硬黄铜	0.3	0.2	5	4
硬钢、硬黄铜	0.2	0.1	4	4

② 经验确定法 根据使用经验，在确定间隙值时要根据要求分类使用。对于汽车行业来说，应以提高模具寿命为主，其合理间隙值取得偏大一些。采用大间隙时应注意：为了保证制件平整，一定要有压料与顶件装置；为了防止冲孔凸模夹带废料，最好选择带顶件钉的凸模。

可以采用经验公式（4-14）计算出合理的间隙 Z 值。

$$Z = mt \tag{4-14}$$

式中　t——材料厚度，mm；

m——系数，与材料性能和厚度有关，见表 4-10。

表 4-10 m 系数

材料	$t < 3mm$	$t > 3mm$
软钢、纯铁	6%～9%	15%～19%
铜、铝合金	6%～10%	16%～21%
硬钢	8%～12%	17%～25%

③ 查表法 该方法是目前企业设计修边冲孔模时普遍采用的方法之一，是一个经验数据表。

(2) 倾斜面修边合理间隙设计要点

在斜面上修边要比普通平面修边承受更大的侧压力，因此要根据不同情况选取间隙值。

① 修边角度小于 15° 当修边角度小于 15°时，间隙值按常规选取，可直接修边且不需采取特殊措施，如图 4-95 所示。

② 修边角度在 15°～30° 当修边角度在 15°～30°时，如图 4-96 所示。刃口要考虑在锐角刃口处设置 2mm 宽平台，间隙值按表 4-11 选取。

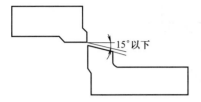

图 4-95 修边角度小于 15°时

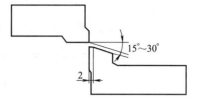

图 4-96 修边角度在 15°～30°时

表 4-11 修边角度在 15°～30°时合理间隙值

料厚/mm	单侧间隙/mm			
	15°～20°(θ)		20°～30°(θ)	
	锐角侧	钝角侧	锐角侧	钝角侧
0.4～0.6	6.5	3.5	7.5	2.5
0.7～1.2	8.0～10.5	4.0～5.5	9.0～12.0	3.0～4.0
1.6～3.2	10.5～13.0	5.5～7.0	12.0～15.0	4.0～5.0
4.5～6.0	13.0～15.5	7.0～8.5	15.0～18.0	5.0～6.0

③ 修边角度在 30°～60° 当修边角度在 30°～60°时，刃口作出局部平台，一般为 3 倍料厚，但不超过 5mm，间隙值趋于 0，如图 4-97 所示。

④ 立切修边 当刃口线与斜面上的最大斜线平行时，如图 4-98 所示，允许的最小 θ 角可参照表 4-12，间隙值按常规选用。

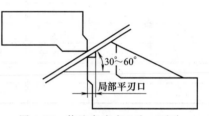

图 4-97 修边角度在 30°～60°时

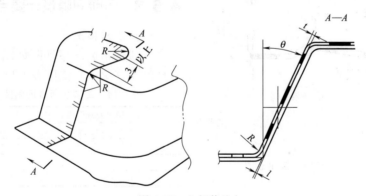

图 4-98 立切修边

表 4-12 立切修边允许最小 θ 角

t/mm	0.6	0.7	0.8	0.9	1.0	1.2	1.4	1.6	1.8	2.0
θ/(°)≥	5.7	8.0	9.2	10.3	11.5	13.9	16.2	18.6	21.1	23.5

立切角度 θ 角不满足表 4-12 要求时，需要改变凹模刃口形状，如图 4-99 所示，并取小间隙。对于接近 90°的立切，修边间隙值趋于 0。此外，注意检查压料板行程是否满足最大立切工作行程的要求。

4.6.2 冲孔间隙设计要点

冲孔尺寸以凸模尺寸为基准，间隙取在凹模上。冲孔合理间隙值见表 4-13。

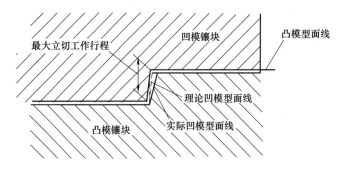

图 4-99　立切修边改变凹模刃口形状示意图

表 4-13　冲孔合理间隙值（单边）

板厚 t /mm	间隙 C /mm	C/t	板厚 t /mm	间隙 C /mm	C/t	板厚 t /mm	间隙 C /mm	C/t
0.6	0.030	5％	1.6	0.100	6.2％	3.2	0.221	6.9％
0.7	0.035	5％	1.8	0.113	6.3％	4	0.320	8％
0.8	0.040	5％	2	0.130	6.5％	4.5	0.400	8.9％
0.9	0.045	5％	2.2	0.143	6.5％	5	0.460	9.2％
1.0	0.050	5％	2.5	0.163	6.5％	6	0.600	10.0％
1.2	0.070	6％	2.6	0.169	6.5％	7	0.700	10.0％
1.4	0.080	6％	2.9	0.200	6.9％	8	0.800	10.0％
1..5	0.090	6％	3	0.207	6.9％	10	1.000	10.0％

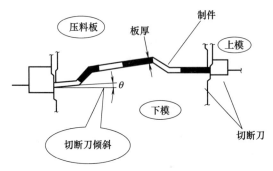

图 4-100　正常切断间隙示意图

4.6.3　切断间隙设计要点

（1）正常情况

一般正常情况下切断如图 4-100 所示，其合理间隙（单边）值见表 4-14。

表 4-14　正常切断合理间隙（单边）值

材料厚度/mm	间隙/％
0.4～0.6	5.0
0.7～1.2	6.0～8.0
1.6～3.2	8.0～10.0
4.5～6.0	10.0～12.0

（2）有角度切断间隙

在有一定角度切断时，如图 4-101 所示，情况与立切修边相同。

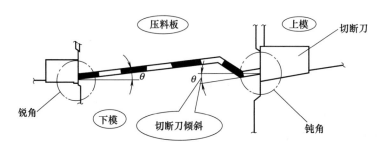

图 4-101　有角度切断时

4.7 压料板设计要点

压料板又称卸料板，它是修边冲孔模具的重要组成部分。压料板装在上模，在修边冲孔之前压紧板料，在修边冲孔完成后将工序件顶出修边凹模和冲孔凸模。除此之外，压料板还有：在修边或冲孔时起到防止产品变形的作用；同时起到退料作用；对冲孔凸模起导向作用。

压料板材料一般为 HT300，当压料板形状简单或修边冲孔所用板料厚度大于 1.8mm 时，多用铸钢（如 ZG310-570），也可用球墨铸铁（如 QT600-3）。

4.7.1 压料板结构设计要点

（1）压料板的最小厚度

压料板的最小厚度与压料板外形的长、宽尺寸有关，见表 4-15。

表 4-15　压料板的最小厚度

简图					
L/mm	<750	750~1250	1251~1750	1751~2250	2251~2600	>2600
H/mm	100	101~120	121~140	141~160	161~180	>180

表 4-15 中，L 为压料板长度，H 为压料板型面最薄处厚度，H' 为压料板最薄处厚度，有如下关系成立：

$$H' = (0.6~0.7)H \tag{4-15}$$

压料板越长，其最小型面厚度就越大。压料板强度变弱处可以局部镶嵌上钢块，以增加其强度。

（2）压料板型面部分

压料板型面部分是指压料板工作时接触零件的一侧。除修边线内周边 30~50mm、冲孔线外周边 20mm 之内压料外，压料板其余部分均须避开三维型面，以减少加工和钳工研配。

如图 4-102 修边冲孔模具简图所示，B_1 为压料板周边的压料宽度，一般取 30~50mm；B_2 为修边凸模修边线周边的型面宽度，B_2 应略大于 B_1。

（3）压料板外周的加工深度

压料板外周分模线的加工深度 30~40mm，如图 4-102 中的 H_1，上部做 10mm 避开。与冲孔凸模相对应的压料内孔（比冲孔凸模工作部分直径大 1mm 左右）的深度不能太大，否则会与冲孔凸模干涉；也不能太小，太小影响该处的压料强度，如图 4-102 中的 H_3 取 4~6mm。

（4）压料板各处厚度

如图 4-102 中压料板型面厚度为 50mm，主筋厚度 A_1 为 40mm，副筋厚度 A_3 为 40mm，压料板下部主筋厚度 A_2 为 40mm，压料板下部主筋与零件表面的距离为 10mm。

（5）压料板要避开部件

如图 4-102 中压料板要避开的是上模座和冲孔凸模固定板，t_1 为压料板与上模座之间的间隙，$t_1 \geqslant 20$mm；t_2 为压料板与冲孔凸模固定板下面的间隙，$t_2 \geqslant 10$mm；t_3 为压料板与冲孔凸模固定板周边的间隙，$t_3 \geqslant 10$mm。

（6）压料板镶块

对于易折断的凸模或使用球锁凸模时，冲孔凸模周围的压料部分采用单独的压料板镶块，

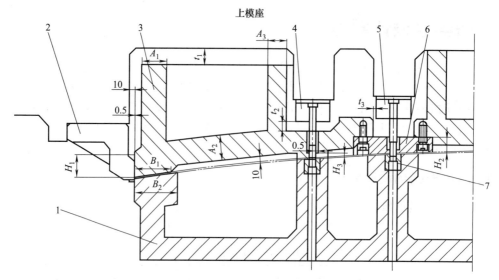

图 4-102　修边冲孔模具简图

1—修边凸模；2—修边凹模；3—压料板；4—冲孔凸模①及固定板、垫板；
5—冲孔凸模②及固定板、垫板；6—压料板镶块；7—冲孔凹模

只要拆下压料板镶块就可以拆下冲孔凸模，便于快速更换凸模。如图 4-102 所示，使用螺钉和销钉将压料板镶块固定在压料板上，更换凸模时不用拆下整个压料板。

4.7.2　压料板与修边凹模及冲孔凸模间隙设计要点

（1）压料板与修边凹模的间隙

压料板外周分模线与修边凹模修边线之间的单边间隙 c 值取 $0.3\sim0.5\mathrm{mm}$，如图 4-103 所示。如果间隙过大，在修边处会出现毛刺。

（2）压料板与冲孔凸模的间隙

压料板与冲孔凸模的双边间隙如图 4-104 所示。如果间隙过大，在冲孔处会出现毛刺。

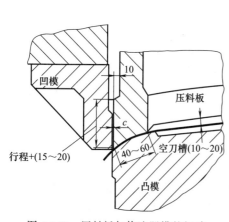

图 4-103　压料板与修边凹模的间隙

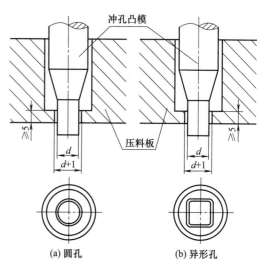

图 4-104　压料板与冲孔凸模的间隙

4.7.3　压料板导向设计要点

(1) 导向方式

修边冲孔模具压料板是活动部件，它与上模座通过导板来导向。用螺钉将导板固定在压料板上，在上模座相应位置做出导滑面。压料板是放在上模座型腔内的，导板在上模内部，模具装配好后从外面观察不到导板，因此这种导向也属于内导向。

(2) 导向间隙

压料板与上模座内的导滑面滑配，利用导板导向，其间隙为 0.08mm±0.02mm。

(3) 导板布置

压料板导板应布置在压料板外周修边线之内，也就是说导板装好后不能露出压料板外周修边二维线之外。如果布置在修边线以外，则压料板不能单独拆下，只能在取出与内导板干涉的修边凹模镶块后才能取出压料板。

修边冲孔模具压料板导向设计中同样要遵循与拉延模具压边圈内导向设计相同的几点要求。

① 内导板安装面必须与模具中心线 X 轴或 Y 轴线平行。

② 内导板数量与修边线的尺寸有关，修边线外形决定导板的数量。如图 4-105 所示为压料板导板平面布置简图。

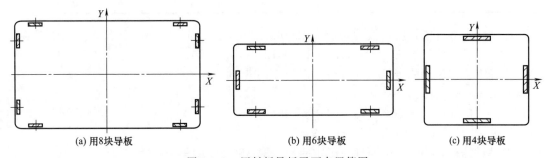

图 4-105　压料板导板平面布置简图

a. 修边线长且宽度尺寸较大时用 8 块导板；

b. 修边线尺寸小时用 4 块导板；

c. 细长类零件用 6 块导板；

d. 特大型修边冲孔模具压料板要用 10 块或 12 块导板，前后各用 3 块或 4 块导板；

e. 同一方向导板之间的距离应尽量远，以保证压料板运动平稳；

f. 导板的设计必须保证当压料板顶到最高点时，装在压料板上的导板与上模座上的导滑面至少有 50mm 的接触长度。考虑到修边冲孔模具压料板导的行程一般不超过 30mm，导板长度取 100mm 就够了。

4.7.4　压料板行程和限位设计要点

(1) 压料板的行程

修边冲孔模具工作时，上模下行，压料板压住工件，防止工件窜动；接着修边凹模随压力机滑块下行完成修边，冲孔凸模下行完成冲孔。修边冲孔完成后，冲孔凸模和修边凹模先随压力机滑块上行，压料板在上模弹性元件的作用下顶出工件，接着压料板上行。在不工作时，压料板凸出凹模至少 10mm，以保证压料板在修边冲孔之前压住工序件。

压料板的行程决定上模弹性元件的压缩量，而压料板上的导板、侧销、限位螺栓以及存放块等限位零件的设计都与压料板的行程有关。前面已经介绍，修边凹模要做成波浪刃口，最高点进入凸模 6mm，波浪刃口结构加大了压料板的行程。

(2) 压料板限位

目前大、中型模具中使用最广泛的是采用侧销限位，它具有安全、可靠、方便等综合特点。

① 确定使用工作侧销

a. 首先计算压料板的动能，按下式计算

$$E_C = 1/2mv^2 \text{(J)} \tag{4-16}$$

式中　E_C——移动部件的动能，J；

　　　m——移动部件的质量，kg；

　　　v——移动部件的速度，一般取 0.5m/s。

b. 确定使用工作侧销的数量

$$\text{工作侧销数量} \geq E_C/E_{C1} \tag{4-17}$$

式中　E_{C1}——一个工作侧销所能承受的动能，J，见表 4-16。

表 4-16　工作侧销直径与一个工作侧销所能承受动能的关系

工作侧销直径/mm	E_{C1}/J	工作侧销直径/mm	E_{C1}/J
25	7	50	50
32	15	63	90
40	30	80	90

假如某修边冲孔模具压料板的质量为 1200kg，移动速度 $v=0.5$m/s，代入上式中得到

$$E_C = 1/2mv^2 = 1/2 \times 1200 \times 0.5^2 = 150 \text{ (J)}$$

初步确定工作侧销的直径为 50mm，查表 4-16 得到

得到 $E_{C1} = 50$ (J)。

将 $E_C = 150$ 和 $E_{C1} = 50$ 代入式（4-17）得

工作侧销数量 $\geq E_C/E_{C1} = 150/50 = 3$

根据模具结构和物体平衡原理，确定使用 4 根 ϕ50mm 的工作侧销。

② 确定使用安全侧销的数量　根据经验，确定采用与工作侧销同等规格的两根安全侧销。

有关侧销限位的相关内容请参阅 3.9 节工作侧销与安全侧销设计要点。

4.8　上模座与下模座设计要点

上模座与下模座材料一般为灰铸铁，如 HT300。

4.8.1　上模座设计要点

修边冲孔模具上模主要包括上模座、修边凹模、冲孔凸模及压料板四部分。

(1) 上模座结构

如图 4-106 所示为某车型前门外板修边冲孔模具去掉压料板与修边凹模镶块的上模结构图，下面以此图为参考对修边冲孔模具上模座结构进行分析。

① 中间部分　它包括修边凹模的安装面、冲孔凸模的安装座面、与压料板相对应的型腔和压板部分等。上模座中与修边凹模相关的主要有凹模安装面及凹模背托。冲孔凸模固定在上模座上，图 4-106 所示的上模座型腔内的平台就是冲孔凸模的安装位置。压料板设置在上模座型腔内，压料板的导向、限位和弹性压料部分与上模座结构有直接关系。上模座与压料板设计相关的结构主要包括内导滑面、弹簧孔和侧销孔（或卸料螺栓孔）等。上模座前后压板部分的

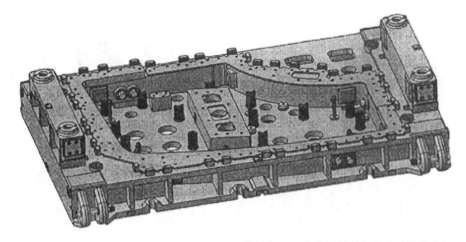

图 4-106　某车型前门外板修边冲孔模具上模结构图（去掉压料板与修边凹模镶块）

主要作用是将上模固定在上工作台上，与下模座前后压板相似。

②　左右端头部分　它是上、下模导向的位置，从图 4-106 可以看出，上、下模是用导柱、导套和导板导向的，这部分也是安全区凸台、限位器凸台、缓冲橡胶凸台、连接板凸台、吊耳（中小模具用铸入式起重棒）和基准孔的区域。

(2) 上模座设计一般过程

上模座的长度、宽度和高度的设计是与下模座一起考虑的，许多尺寸是相互关联的，模具设计前期要做好整体上的考虑，再经过多次调整和优化，得到上、下模座的长度、宽度和高度尺寸。上、下模座外形的长度和宽度应尽量取一致。

在上模座外形尺寸基本确定的情况下，模座设计一般过程如下。

①　根据各修边凹模镶块尺寸，做出修边凹模安装平台和背托。根据冲孔凸模外形，做出冲孔凸模座面。根据压料板的外形尺寸做出上模座中间的型腔，上模座型腔的内形轮廓应与压料板分模线保证 10mm 左右的安全间隙。还要根据上工作台情况，做出前、后压板台。

②　确定各功能部分的位置

a. 端头部分，包括导套、导板（或导滑面）、安全区、限位器、缓冲橡胶、连接板、吊耳（或铸入式起重棒）和基准孔等。

b. 中间部分，包括弹簧和侧销（或卸料螺栓孔）、内导的导滑面和机床中心键等。

③　对功能部分进行处理，做出功能部分平台。上模座使用的材料一般为 HT300，因此要进行相应的加厚材料和减去材料的处理，这个处理与筋条一并考虑。上模座筋条的厚度按加工面厚 50mm、主筋厚 40mm、副筋厚 30mm 设计，各筋条之间的距离一般不大于 300mm。还可适当进行减重处理及设计排水孔等。

4.8.2　下模座设计要点

修边冲孔模具下模主要包括下模座、修边凸模及废料切断刀三部分。

(1) 下模座结构

如图 4-107 所示为某车型前门外板修边冲孔模具下模结构图，下面以此图为参考对修边冲孔模具下模座结构进行分析。

修边冲孔模具下模座主要结构由以下两部分组成。

①　中间部分　它除了包括修边凸模、冲孔凹模及废料切断刀的安装面和废料滑道外，还包括前后压板部分等。压板部分主要用来固定下模座、对下模进行快速定位等。中间部分的长

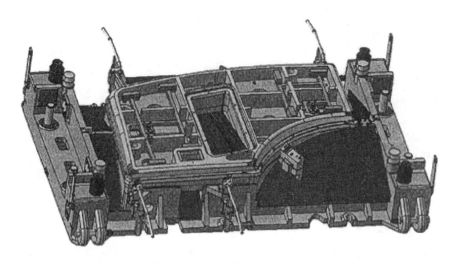

图 4-107　某车型前门外板修边冲孔模具下模结构图

度必须确保废料顺利滑出。

② 左右端头部分　它是上、下模导向的位置，图 4-107 所示的修边冲孔模具是用导柱、导套和导板导向的，也是安全区、限位器、缓冲橡胶、连接板、吊耳（中小模具用铸入式起重棒）、基准孔和气路控制用快换接头等的放置区域。

(2) 下模座设计一般过程

设计下模座时，应根据前一道工序零件（如拉延件）的大小确定其长度、宽度和高度。根据修边凸模、废料切断刀、废料滑出要求和前后压料板位置设计出中间部分框架结构，做出修边凸模、废料切断刀及冲孔凹模的安装平台及废料滑道，并根据前一道工序零件的大小和设计标准确定导向形式和端头尺寸，然后再确定各功能部分的位置。

① 端头部分　包括导套、导板（或导滑面）、安全区、限位器、缓冲橡胶、连接板、吊耳（或铸入式起重棒）和基准孔等。

② 中间部分　包括废料盒、废料滑板、漏料孔、压板槽结构、快速定位、顶料汽缸机构和拖料架等。

最后对功能部分进行处理，做出功能部分平台。下模座使用的材料一般为 HT300，因此要进行相应的加厚材料和减去材料的处理，这个处理与筋条一并考虑。下模座筋条的厚度按加工面厚 50mm、主筋厚 40mm、副筋厚 30mm 设计，各筋条之间的距离一般不大于 300mm。注意各筋条要方便冲孔废料的滑出，汽缸顶出线路应四周贯通。

4.8.3　上模座与下模座导向设计要点

(1) 导向方式

修边冲孔模具上模座与下模座的导向方式有两种：一种是指利用导柱与导套和导向腿（导板）导向，如图 4-108（a）所示；另一种是利用导柱导向，如图 4-108（b）所示。

① 图 4-108（a）中结构，在模具长度 >1500mm，并且有较大的侧向力时使用，且模具闭合过程中导向腿（导板）比导柱先吃入最小 30mm。

② 图 4-108（b）中结构，在模具长度 ≤1500mm 或模具侧向力很小时使用。

(2) 导向间隙

上模座与下模座采用导柱与导套和导向腿（导板）导向，导向间隙分别为按 H7/h6 配合和 (0.05±0.02)mm 选择。

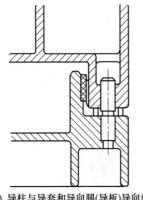

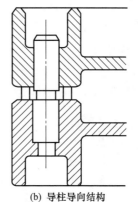

(a) 导柱与导套和导向腿(导板)导向结构　　　(b) 导柱导向结构

图 4-108　模具的导向方式示意图

4.9　废料处理设计要点

修边冲孔模具废料处理是设计中关键的一步。不同的冲压生产方式，对于废料的处理方式有不同的要求。废料处理问题，必须高度重视，优先考虑。

(1) 废料大小的一般规定

废料尺寸应以下列尺寸为标准：

细长废料尺寸≤600×250（长×宽)mm，如图 4-109 所示。

L 形废料尺寸≤500×250（长×宽)mm，如图 4-110 所示。

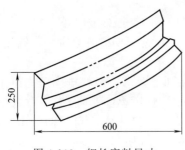

图 4-109　细长废料尺寸

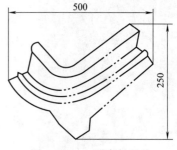

图 4-110　L 形废料尺寸

(2) 废料处理的基本原则

① 控制废料的下落点，使其最好落在操作者附近，以便及时处理。

② 废料应每一行程落下一次，避免积存。

③ 废料形状不要有尖角，以免划伤操作者。

④ 废料通道在直线上的宽度和高度应宽裕。

⑤ 废料滑板要有足够的强度和刚性，应使用厚度不小于 2.5mm 的整体钢板制作，工作面不涂漆，考虑维修、安装方便，采用内六角螺钉固定。

⑥ 应尽可能避免在一个通道内通过两种废料。

⑦ 在模具存放时，使用铰链将露出模具外的废料滑板收起，或将废料滑板缩入模具内。

⑧ 使用传送带、辊轴搬运器或气动装置辅助废料的处理。

⑨ 冲孔废料 φ30mm 以上及对角线尺寸大于 30mm 的不规则块料，不使用废料盒，应用滑板滑出。

⑩ 当要求废料滑出压力机工作台面时，废料滑板应为二级可拆式。

4.9.1 废料处理方式

(1) 手工操作废料处理

① 切边废料原则上尽量靠自重落下，滑出模具外，如图 4-111 所示。废料滑出比较困难时，应设置适当的废料顶出器。模具内废料滑板倾角为滑道≥30°，滚道≥15°。

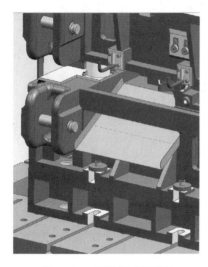

图 4-111　废料滑出模具外

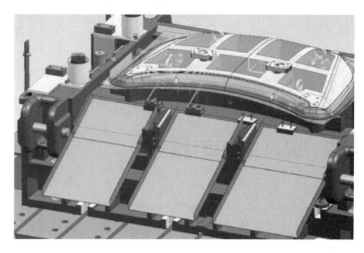

图 4-112　二级可拆式废料滑板

② 冲孔或较小型的废料，原则上应设置废料盒处理。

(2) 自动化废料处理

① 切边的废料必须每一工序全部排出压力机工作台外，因此必须设置废料刀和废料滑板，废料滑板应为二级可拆式，如图 4-112 所示。

② 冲孔或较小废料原则上要求将废料排出压力机工作台外，若无法满足此需求可用废料盒处理。但废料盒大小必须满足能够容纳 1000 冲次冲压所产生的废料（ϕ10mm 以下废料一班次清理一次），如图 4-113 所示。

(3) 强制废料落下

① 使用提升臂，如图 4-114 所示。

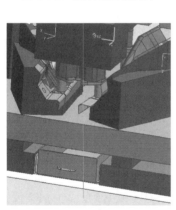

图 4-113　废料盒

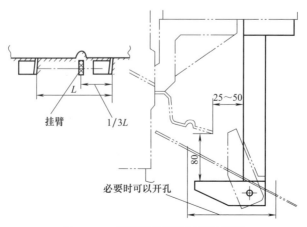

图 4-114　使用提升臂强制废料落下

以安装在废料 1/3L 以下的部分为原则，不得安装在上、下导向区内，同时不得妨碍上料或出件。

② 使用模具附属气动机构强制废料落下，如图 4-115 所示。

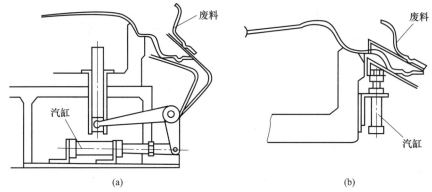

图 4-115　使用模具附属气动机构强制废料落下

③ 使用弹顶销，布置在制件刚性好的部位，如图 4-116 所示。
螺塞规格为 M10×3.5，弹簧预压缩量为 12～30mm。

④ 在凹模上使用柱塞，如图 4-117（a）和（b）所示。

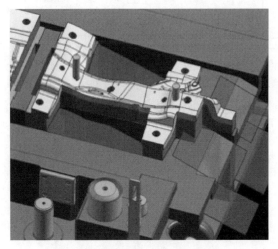

图 4-116　使用弹顶销强制废料落下

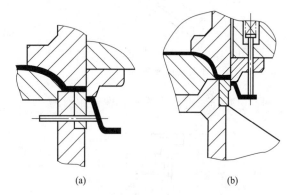

图 4-117　在凹模上使用柱塞强制废料落下

4.9.2　大孔径废料的处理

① 设计成二级空刀，有两种方法，如图 4-118（a）和（b）所示。

② 倾斜面冲孔时，低处废料先接触滑板，高处铸件要空开，以防堵塞，如图 4-119 所示。

③ 废料向窄的地方流动时，凹模的避让尺寸应大于废料最大尺寸，如图 4-120（a）和（b）所示。

4.9.3　小孔径废料的处理

① 冲孔之下有加强筋时，小孔径废料的处理如图 4-121 所示。冲多孔时，在废料滑板下不能设置加强筋时，要安装防护网。

② 一般情况下，铸件空开孔要大。在机械加工时，保证单边尺寸≥2mm，如图 4-122 所示。

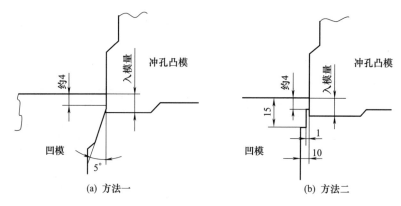

图 4-118　二级空刀处理大孔径废料

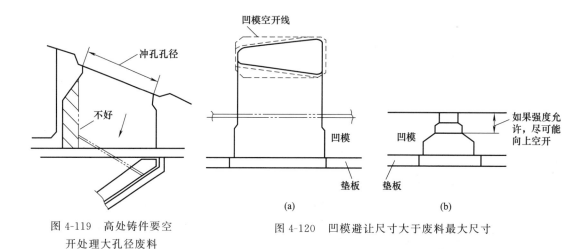

图 4-119　高处铸件要空
开处理大孔径废料

图 4-120　凹模避让尺寸大于废料最大尺寸

③ 冲孔靠近修边线时，要铸出滑槽，打磨光滑，如图 4-123 所示。

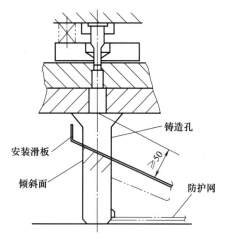

图 4-121　有加强筋时小孔径废料的处理

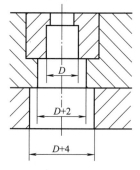

图 4-122　机械加工时
小孔径废料的处理

4.9.4　特殊形状废料的处理方法

① 废料长而难于处理时（多为废料落不下或流不出等），应在前工序冲工艺孔，本工序增

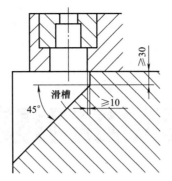

图 4-123　靠近修边线时要铸出滑槽

加废料切断刀，如图 4-124 （a）和 （b）所示。

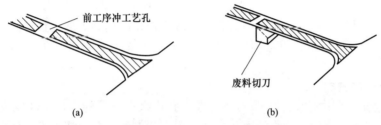

(a)　　　　　　　　　　　　(b)

图 4-124　增加废料切断刀

② 斜面废料。当孔的形状上大下小时，不可上、下垂直冲孔，应水平冲孔或倾斜冲孔，如图 4-125 所示。

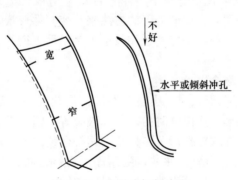

图 4-125　水平或倾斜冲孔

>>>>> 第5章

汽车覆盖件翻边整形模具设计要点

翻边整形工序是汽车覆盖件重要的冲压工序之一。该工序一般是覆盖件最后的成形工序，多在修边冲孔工序之后进行。如图 5-1 所示是某轿车前罩外板翻边整形模。

翻边整形模具是汽车覆盖件模具中对制件起成形作用的模具。翻边整形模具的好坏直接影响覆盖件的质量，而覆盖件的质量则影响整个汽车车身的装配质量。翻边简称 FL，整形简称 RST。

(1) 翻边整形的种类

① 翻边的定义　翻边是将工序件的外边缘或孔边缘在模具的作用下冲制成竖直边或倾斜边的成形方法。根据工序件的边缘状态和应力、应变状态的不同，翻边可以分为外缘翻边和内孔翻边，也可分为伸长类翻边和压缩类翻边。外缘翻边又分为外凸的外缘翻边和内凹的外缘翻边。此外根据边翻边壁厚的变化情况，又分为变薄翻边和不变薄翻边，

② 整形（成形）的定义　凡是能使工序件产生局部变形来改变其形状的冲压工艺便称作整形或成形工艺。该工艺是用各种局部变形的方法来改变制件形状。它们的变形性质有些与弯曲相似，有些与拉延相似，一般都是在拉延和修边工序以后进行的。比较常见的翻边整形的种类见表 5-1。

(2) 翻边整形模具应用场合

① 无法一次成形得到复杂形状时。当覆盖件局部形状复杂，无法直接拉延出来需在拉延或其他成形工序之后进行整形。如拉延时由于零件破裂等原因，需要加大圆角，才能使零件顺利拉出，此时就要求拉延后在增加整形工序，使圆角符合装配要求。

② 修边角度无法满足时。当覆盖件在拉延工序后再修边时，若发现修边角度过大，不能满足产品质量要求，则有必要采用翻边整形工序对修边线所在面进行一定的处理，以保证修边角度。此时，覆盖件常见的工序是拉延→修边冲孔→翻边整形。

③ 先落料后成形的覆盖件。这类覆盖件不用拉延、修边工序，成形时可能需要分几个工序才能完成。

(3) 翻边整形模具的类型

根据覆盖件的翻边位置和翻边方向，翻边工序类型可分为以下四种。

① 垂直翻边整形模具。此类型模具的特点是翻边凸模（或凹模）作上、下垂直运动对覆盖件进行翻边整形，翻边整形方向就是压力机滑块的运动方向。该类型模具可分为向下、向上和向上与向下同时翻边整形三种。

a. 向下翻边整形时，翻边整形凸模在下模，翻边整形凹模和压料板在上模。

b. 向上翻边整形时，翻边整形凸模在上模，翻边整形凹模和压料板在下模。

c. 向上与向下同时翻边整形时，上模部分主要有上模座、上压料板、翻边整形凹模（向下）和翻边整形凸模（向上）四部分；下模部分主要有下模座、下压料板、翻边整形凹模（向

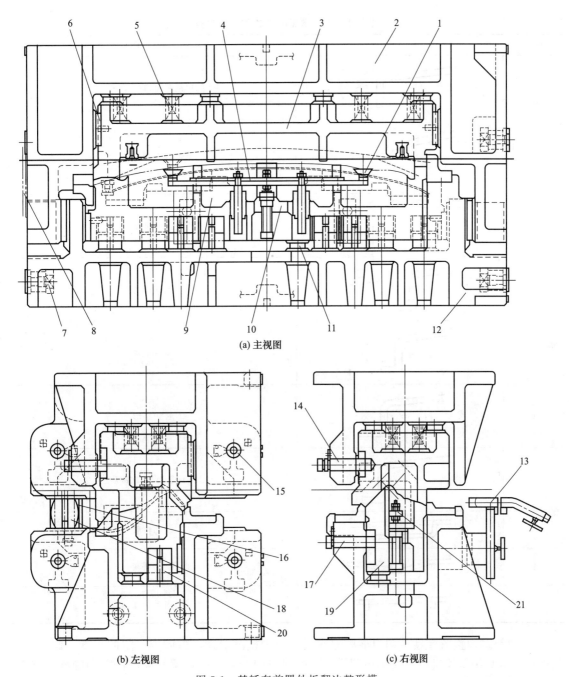

(a) 主视图

(b) 左视图　　　　　　　　　(c) 右视图

图 5-1　某轿车前罩外板翻边整形模

1—顶料缓冲器；2—上模座；3—上压料板；4—H 型顶料组件；5—弹簧；6—导板；7—铸入式吊耳；
8—运输连接板；9—翻边整形凹模；10—翻边整形凸模；11—行程限位块；12—下模座；
13—可调式送出料托架合件；14—工作侧销；15—吊棒组件；16—行程挡管；17—安全
侧销；18—聚氨酯缓冲器；19—下压料板；20—氮气弹簧；21—汽缸组件

上）和翻边整形凸模（向下）四部分。

　　制件翻边后包在凸模上，退料时退料板或翻边顶出器要顶住翻边边缘，以防止制件变形。

　　② 水平翻边整形模具。翻边整形方向与压力机滑块运动方向垂直。此类型模具的特点是利用斜楔机构，使翻边凹模单面沿水平方向运动完成对覆盖件进行向内的翻边整形。由于是单面翻边整形，因此要求将凸模设计成整体结构，以便制件容易从凸模上取出。

表 5-1　比较常见的翻边整形的种类

序号	简　图	说　　明
1	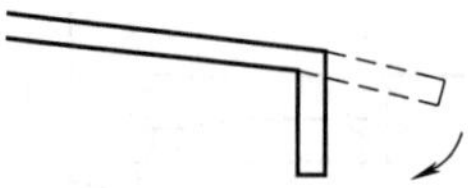	单纯弯曲,减小尺寸
2	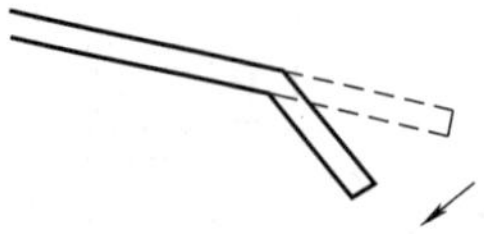	单纯折弯,钣金折弯
3	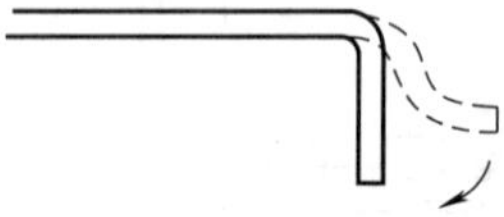	通过拉延部分,成形
4	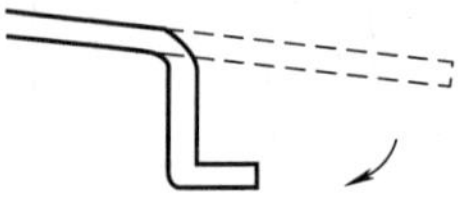	台阶折弯
5	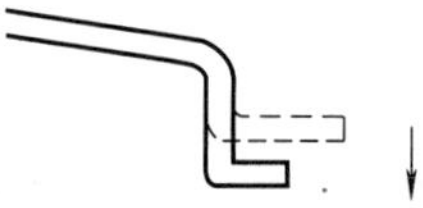	加深成形
6	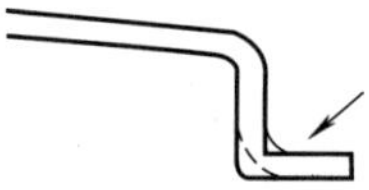	R 角整形
7	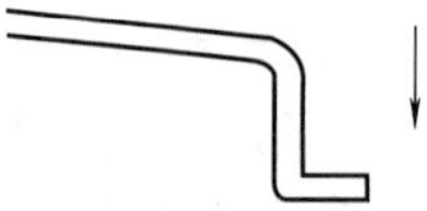	平面整形,二次冲压
8	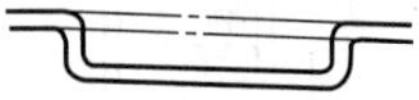	局部整形
9		U、V 折弯
10	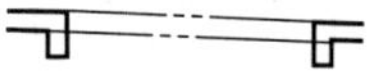	内缘翻边

　　③ 倾斜翻边整形模具。翻边整形的方向与压力机滑块运动方向成一定的角度。此类型模具的特点是利用斜楔机构,使翻边凹模单面倾斜方向运动完成对覆盖件进行向内的翻边整形。同水平翻边整形模具一样,要求凸模设计成整体结构,以便制件容易从凸模上取出。

　　④ 复合翻边整形模具。对于具体的覆盖件,有可能有两处以上的翻边整形,而它们的方向有可能不同,因此会出现上述三种翻边整形类型的组合。

　　(4) 翻边整形模具工作部件及材料

　　翻边整形模具工作部件包括翻边整形凸模和翻边整形凹模,其他主要部分有上模座、下模座和压料板等。

　　翻边整形模具主要工作部件常用材料有 7CrSiMnMoV (空冷钢)、MoCr 铸铁、Cr12MoV 和 SKD11 等钢材。翻边整形模具上模座、下模座和压料板材料一般采用铸件,如 HT300。

　　(5) 翻边整形模具的设计流程

　　如图 5-2 所示是翻边整形模具的设计流程示意图。

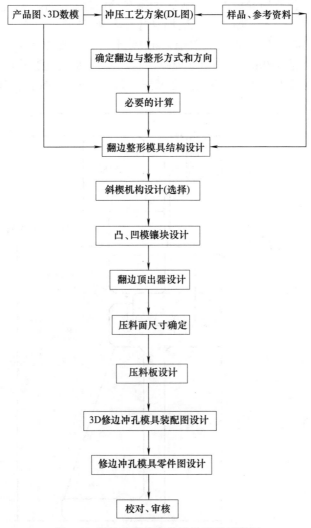

图 5-2　翻边整形模具的设计流程示意图

在实际模具设计过程中，上述的翻边整形模具的设计流程并没有严格的先后顺序，这些步骤往往是交错进行的。

5.1　整体结构设计要点

现以垂直翻边整形模具中向下翻边整形模具类型为例，介绍其模具整体结构设计要点。

5.1.1　各主要部分高度尺寸设计要点

如图 5-3 所示的面包车尾门内板向下翻边整形模具，上模有上模座、翻边整形凹模和压料板等部件；下模有下模座与翻边整形凸模等部件，如图 5-4 所示。工作时，工序件放在翻边整形凸模上。上模下行，压料板下行并在弹簧的作用下压紧工序件；接着翻边整形凹模下行接触工序件开始翻边整形；到模具闭合时，压料板上部与上模座的限位块刚性接触，压出产品形状，完成翻边整形。

翻边整形模具属于成形类模具，其设计重点在于如何保证工件表面的整形质量以及翻边后工件从凸模和凹模顺利脱出等工艺问题。

单纯的翻边整形模具使用导板进行导向，如果在翻边整形工序之外还有修边、冲孔和分切等分离工序内容，则模具上、下模之间应增加导柱与导套导向。

在如图 5-3 所示的某车型面包车尾门内板翻边整形模具剖视图（从中间剖开）中，翻边整形凹模镶块的高度尺寸是 390mm（加上上模座部分尺寸），而翻边整形凸模镶块的高度尺寸是 505mm（加上下模座部分尺寸）；压边圈的高度尺寸为 330mm（加上上模座部分尺寸）。

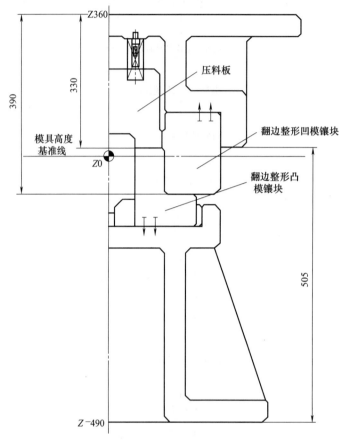

图 5-3　某车型面包车尾门内板翻边整形模具剖视图

假设高度基准线处 $Z=0$，经过高度调整后，上模顶部高度坐标为 $Z260$，下模底部高度坐标为 $Z-490$。这里 $Z260$ 表示坐标 Z 值为 260mm，$Z-490$ 表示坐标 Z 值为 −490mm。

在如图 5-4 所示的某车型面包车尾门内板翻边整形模具左视图中，上模高度尺寸为 295mm，上模座高度尺寸为 245mm；下模高度尺寸为 425mm（加上限位块尺寸），下模座高度尺寸为 375mm；模具的闭合高度为 750mm。

5.1.2　长度尺寸设计要点

翻边整形模具下模长度包括各凸模镶块及左右端头的长度等，而上模长度主要包括各凹模镶块组合起来的总长（压料板放置在中间）以及左右端头的长度等。

(1) 下模长度

如图 5-5 所示的是某车型面包车尾门内板翻边整形模具下模俯视图。

从图中可得：

$$模具长度 = L + L_1 + 2L_2 \tag{5-1}$$

式中　L_1——下模座中间部分长度，它是放置翻边整形凸模镶块的空间；

L_2——下模两端头部分尺寸，应保证导柱、导板的安装空间足够。

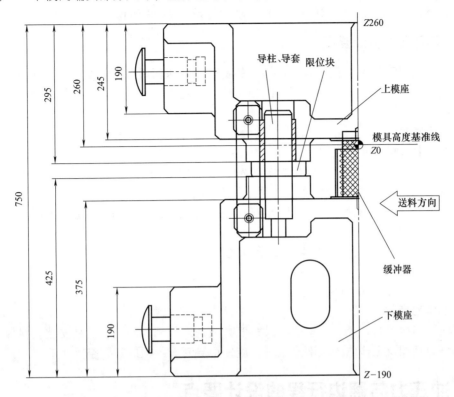

图 5-4 某车型面包车尾门内板翻边整形模具左视图

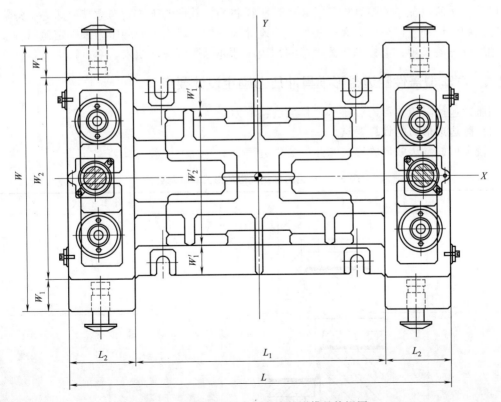

图 5-5 面包车尾门内板翻边整形模具俯视图

(2) 上模长度

根据模具结构可知，上、下模的模具长度数值是必须相等的。

5.1.3 宽度尺寸设计要点

翻边整形模具下模宽度包括各凸模镶块的宽度以及压板槽范围的宽度，还包含端头宽度及安全区宽度等；而上模宽度主要包括各凹模镶块组合起来的宽度以及压板槽范围的宽度，还包含端头宽度及安全区宽度等。

(1) 下模宽度

从图 5-5 中可知下模宽度的计算公式为

$$端头处模具宽度 W = 2W_1 + W_2 \tag{5-2}$$

式中　W_1——下模左右端头处的氮气弹簧区域等的宽度；

　　　W_2——下模座左右端头凹下部分宽度，它是上、下模导向的空间，两者都与模具的大小有关。

$$模具中心处宽度 W' = 2W_1' + W_2' \tag{5-3}$$

式中　W_1'——前、后压板槽区域的宽度；

　　　W_2'——凸模镶块的宽度。

(2) 上模宽度

根据模具结构可知，上、下模的模具宽度数值是必须相等的。上模是安装压料板、翻边整形凹模镶块的空间及上模两端头部分尺寸，应保证导套、导板的安装空间足够。

5.2　冲压力与翻边行程的设计要点

目前，一般情况下的模具除了需要做下压料芯的，其他的不需要考虑其冲压力，只需要在压料芯上均匀地补上顶杆。而有一些模具的设计则根据计算出来的冲压力来确定氮气弹簧的数量。翻边行程的长短，直接影响覆盖件的翻边尺寸能否达到设计要求。

5.2.1 汽车覆盖件翻边整形模具冲压力确定设计要点

冲压力包括翻边成形力、压料力和翻边整形力。

(1) 翻边成形力的计算要点

比较常见的翻边成形的形式和计算公式见表 5-2。

表 5-2　常见的翻边成形的形式和计算公式

序　号	简　图	计 算 公 式
1		$F_翻 = Lt\sigma_b$
2		$F_翻 = Lt\sigma_b$

续表

序　号	简　图	计　算　公　式
3	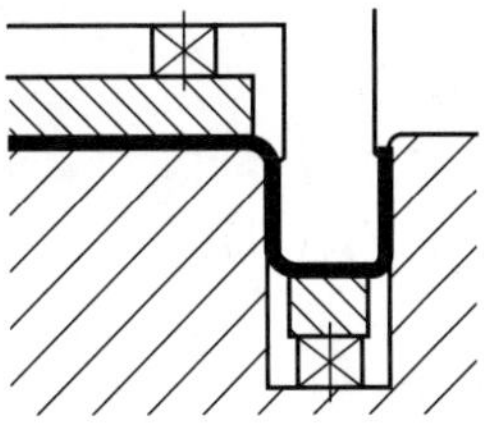	$F_{翻}=Lt\sigma_{b}$
4	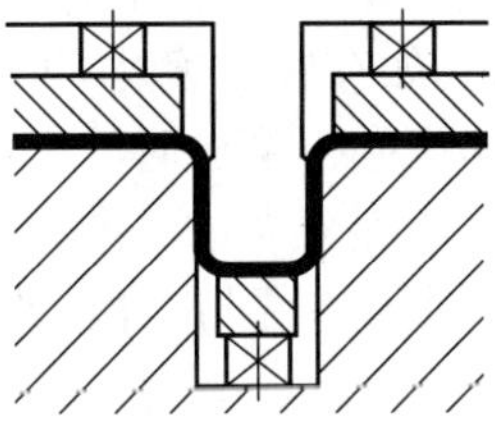	$F_{翻}=2Lt\sigma_{b}$
5	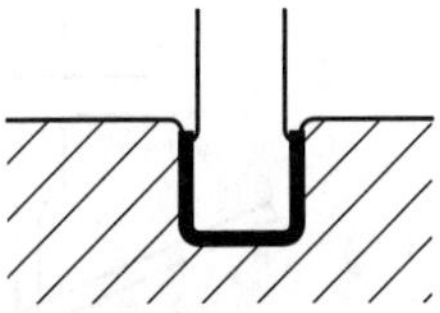	$F_{翻}=Lt\sigma_{b}$
6	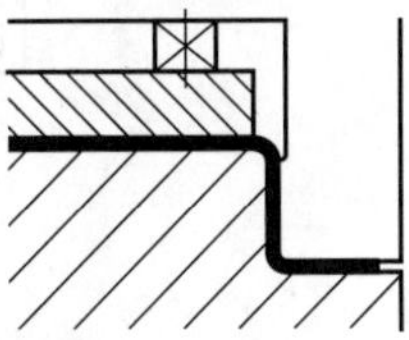	$F_{翻}=Lt\sigma_{b}$
7	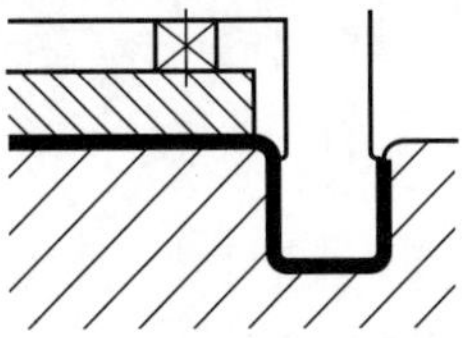	$F_{翻}=Lt\sigma_{b}$
8	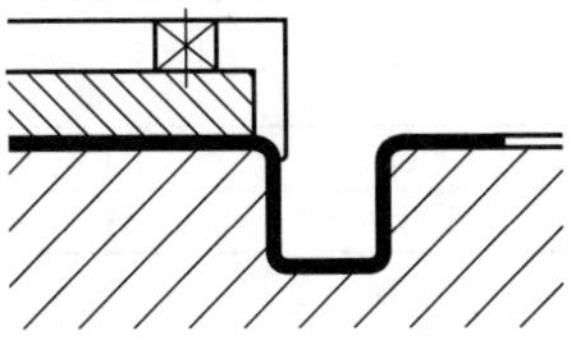	$F_{翻}=Lt\sigma_{b}$

式中　$F_{翻}$——翻边成形力，N；

L——加工长度，mm；

t——板料厚度，mm；

σ_{b}——材料抗拉强度，MPa

注：序号5、6、7和8，其底面如需墩死时，翻边成形力取计算值的1.5～2倍。

(2) 压料力的计算要点

FL 及 RST 作业时，压料板（PAD）施加于制件的力称为压料力。压料力指的是在作业开始节点时保证的压力。

压料力一般为翻边成形力的 15%～30%，即冲压开始点的压料力，如图 5-6 所示。计算压料力可分为两种情况：

① 对外板覆盖件，有

$$F_压 = 0.3F_翻 (N) \tag{5-4}$$

② 对内板覆盖件，有

$$F_压 = (0.15～0.2)F_翻 (N) \tag{5-5}$$

式中　$F_压$——压料力，N；

　　　$F_翻$——翻边成形力，N。

注意：制件平缓，取大值，保证压住料；氮气弹簧、弹簧和气垫等压力源尽量设置在成形部位附近；视压料板形状确定是否兼有平衡作用。如存在平衡力的因素，压料力应大于计算值；上弹簧压料和下气垫压料同时使用时，主要考虑向下翻边时的上压料力；压料力对外板件的质量问题有很大的影响，因此在设定压料力时，应充分考虑；内板件在翻边成形时，如有向外拉料的可能时，如图 5-7 所示，应加大压料力，计算方法与外板相同。

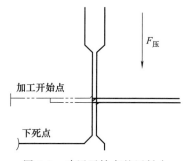

图 5-6　冲压开始点的压料力

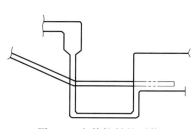

图 5-7　向外拉料的可能

(3) 翻边整形力的计算要点

翻边整形力为：

$$F_整 = Sq (N) \tag{5-6}$$

式中　$F_整$——翻边整形力，N；

　　　S——整形部分的投影面积，mm²；

　　　q——整形所需的单位压力，MPa，见表 5-3。

表 5-3　整形所需的单位压力　　　　　　　　　　　　　　　　MPa

材料	材料厚度/mm		材料	材料厚度/mm	
	<3	3～10		<3	3～10
08～20 号钢	80～100	100～120	8TiL	120～150	150～180
20～35 号钢	100～120	120～150	10TiL	150～180	180～210

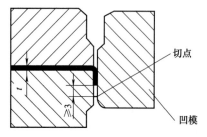

图 5-8　平面及断面形状为
直线时翻边长度的确定

5.2.2　翻边行程设计要点

① 平面及断面形状为直线时，制件末端距凹模圆角 R 切点不小于 3mm，如图 5-8 所示。

② 翻边线为折曲线并且翻边高度相同时，在冲压方向上应保证翻边行程 L 不变，如图 5-9 所示。即

$$L = L_0 + 10 \tag{5-7}$$

式中　L——翻边行程，mm；

　　　L_0——翻边凸缘高度，mm。

③ 翻边凸缘高度不相等时，应按翻边高度最长处考虑，刃口吃入量在冲压方向上应相同，即保证同时翻边，如图5-10所示。即

$$L = L_2 + 10 \tag{5-8}$$

式中　L——翻边行程，mm；

　　　L_2——翻边凸缘最大高度，mm。

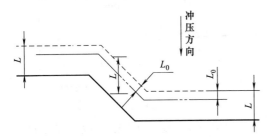

图5-9　翻边线为折曲线时翻边行程的确定

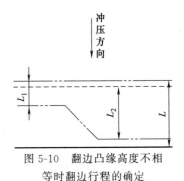

图5-10　翻边凸缘高度不相
等时翻边行程的确定

④ 折弯线与翻边在同一条线上时，有两种情况：

a. 折弯部分比翻边高度深时，$L > L_1$ 翻边行程取 L 值，如图5-11所示。

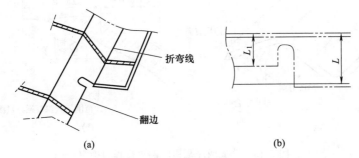

图5-11　折弯部分比翻边高度深时翻边行程的确定

b. 翻边高度超出折弯线时，翻边行程逐渐变化，如图5-12所示。

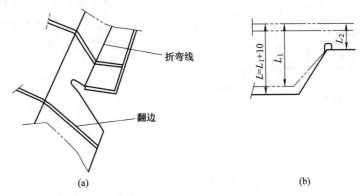

图5-12　翻边高度超出折弯线时翻边行程的确定

⑤ 立斜面上的翻边，由于凹模运动方向与翻边方向有较大的相对滑动（其中凹模突出点与制件相对滑动的距离 A 最大，较缓斜面处的距离 B 最小），因此凹模突出点至较缓斜面点之间的凹模口翻边行程应设计成渐变，如图5-13所示。

⑥ 凹模端部弧度大的情况下，应加出余量。钢件 ≥15mm，铸件 ≥25mm，如图5-14所示。

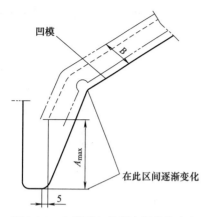

图 5-13　立斜面上的翻边行程的确定

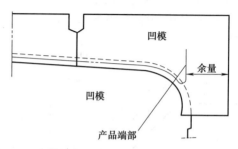

图 5-14　凹模端部弧度大的情况下翻边行程的确定

⑦ 翻边线变化大，一个冲压方向不能成形，要分成两序完成，两序相接处最少要重合 40mm，如图 5-15 所示。

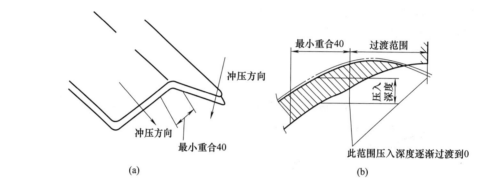

图 5-15　分成两序翻边时翻边行程的确定

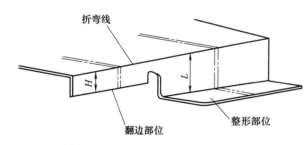

图 5-16　FL 部位与 RST 部位应有同样的行程

⑧ 当 FL 与 RST 同时作业时，假如 FL 尺寸比整形尺寸小时，那么折弯线变化量将是恒定的，FL 部位与 RST 部位应有同样的行程，如图 5-16 所示。

⑨ 当 FL 与 RST 同时作业时，RST 尺寸比 FL 尺寸小时，那么折弯线变化量将是有规律的进行变化。此时应将 FL 与 RST 的行程设为不同值后，在不同作业区间给出合理边界，如图 5-17 所示。

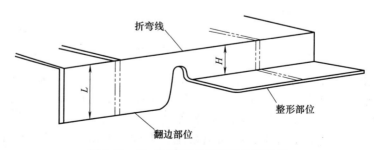

图 5-17　FL 与 RST 的行程设为不同值

5.3　凸模与凹模设计要点

翻边整形模具凸模与凹模，两者多采用镶块形式。当工件料厚不大于 1.5mm 且不是高强度钢板时，翻边整形凸模镶块多用 MoCr 铸铁，热处理硬度 54HRC 左右；翻边整形凹模镶块采用 7CrSiMnMoV，热处理硬度 57HRC 左右。当工件料厚大于 1.5mm 或为高强度钢板时，翻边整形凸模和凹模镶块多用 Cr12MoV 或其他钢件。

5.3.1　凸模设计要点

(1) 凸模的边缘尺寸

① 对于铸件，其边缘尺寸如图 5-18 所示。

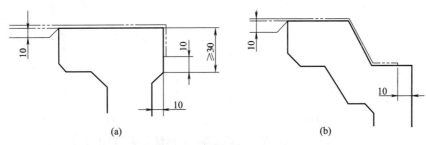

图 5-18　铸件的边缘尺寸

② 对于凸模镶块，其边缘尺寸如图 5-19 所示。

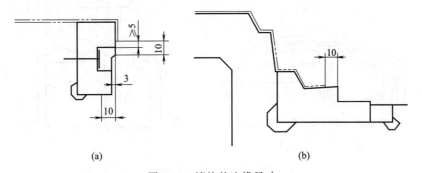

图 5-19　镶块的边缘尺寸

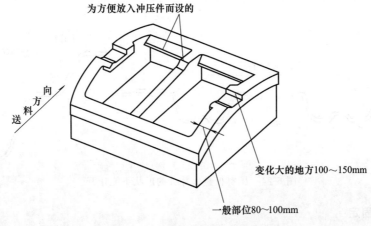

图 5-20　工序制件定位必须稳定

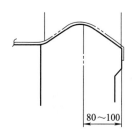

图 5-21 整个型面
作为定位面

(2) 凸模工作表面

① 一般情况下，要求工序制件定位稳定，操作方便，如图 5-20 所示。

② 对于翻边整形时出现制件易偏离的情况，定位面不受 80～100mm 的限制，整个型面作为定位面，如图 5-21 所示。

③ 在以下情况，凸模表面不得让开。

a. 细长、易变形的部件整形时，如外轮罩、内轮罩、门下梁和支柱类等，如图 5-22 所示。

b. 整形部位（凸、凹台等）需很大压力时，如图 5-23 所示。

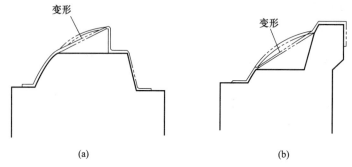

(a)　　　　　(b)

图 5-22　细长以及易变形的部件，凸模表面不得让开

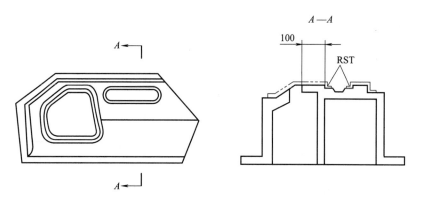

图 5-23　整形部位需很大压力时凸模表面不得让开

c. 当制件取不出来时，应设置顶料装置，压料板整形部位的形状不得让开，如图 5-24 所示。

图 5-24　压料板整形部分的形状不能让开

(3) 凸模的固定

① 一般情况下的整体凸模固定，如图 5-25 所示。

② 内侧固定面积不够时，也可在凸模外缘固定，如图 5-26 所示。

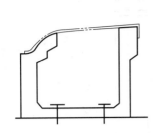

图 5-25　一般情况下的整体凸模固定

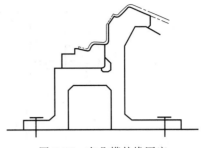

图 5-26　在凸模外缘固定

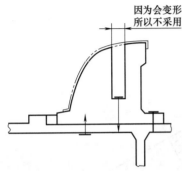

图 5-27　加工困难应尽量避免

③ 凸模外缘处的固定面积不够时，有时用反方向固定。但这样加工困难，因此应尽量避免采用此方法，如图 5-27 所示。

5.3.2　凹模设计要点

(1) 铸造整体形式凹模

如图 5-28 所示，当 $B \geqslant 1.5A$ ，$A > 60$mm 时，设加强筋，凹模圆角 R 需标注于模具图上。

(2) 钢质整体形式凹模

如图 5-29 所示，当 $B \geqslant 1.5A$ ，且 A 不小于 40mm 时，尺寸 C 及凹模 R 一定要在图纸中标出来。当材料厚度小于 1.6mm 时，使用 M12×40 螺钉及 ϕ12×40 销钉；当材料厚度大于 1.6mm 时，使用 M16×45 螺钉及 ϕ16×50 销钉。

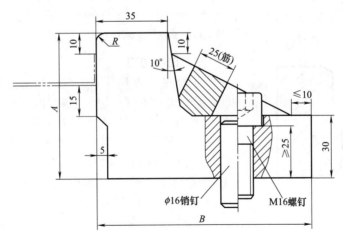

图 5-28　铸造整体形式凹模

(3) 铸块＋镶块形式凹模

如图 5-30 所示，当 $B \geqslant 1.5A$ 时，凹模 R 一定要在图纸中标出来。使用 M12×40 螺钉及 ϕ12×40 销钉，螺纹孔不应透出有效型面。

(4) 凹模圆角

如图 5-31 所示，凹模圆角 R 的取值范围：当 $t \leqslant 1.2$mm 时，$R = 3$mm；当 $t > 1.2$mm 时，$R = 5$mm。

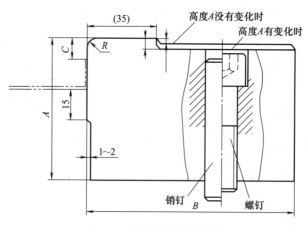

图 5-29　钢质整体形式凹模

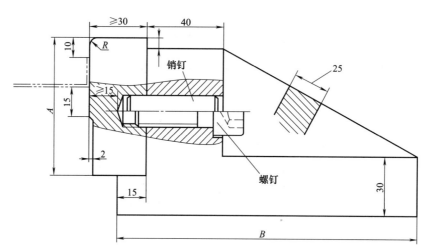

图 5-30　铸块＋镶块形式凹模

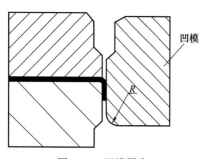

图 5-31　凹模圆角

（5）凹模刃口

① 如图 5-32 所示，为使凹模镶块同时与制件接触，即使翻边高度不同，进入量在冲压方向原则上也是一样的，但凹模的高度应比制件末端高出不小于 10mm。

② 倾斜凹模口形状。斜面很陡时，板料容易发生偏移，应先成形比较陡的倾斜部位，从 A 到 B 逐渐进入（前端进入量 A 最大），如图 5-33 所示。

③ 宽度小且制件两侧有翻边时。当制件宽度小，形状平滑且两侧有翻边时，两侧刃口必须同时接触，如图 5-34 所示。

④ 对镶块的强度有影响时。镶块的强度比较弱时，凹模 A 的刃口尺寸如图 5-35 所示。

⑤ 收缩翻边（收缩率 15％以上），凹模角部镶嵌钢质刃口，如图 5-36 所示。

（6）凹模刃口镶块

① 根据型面起伏决定凹模刃口镶块的结构形式，如图 5-37 所示。

② 如图 5-38 所示，翻边高不足 5mm 时，可以不加凹模刃口镶块。

③ 镶块分割线要距离 R 切点 10mm 以上，凹模刃口与模具中心线的角度大于 60°时，按模具中心线的平行线分割镶块，如图 5-39 所示；否则按凹模刃口法向方向分割，如图 5-40 所示。

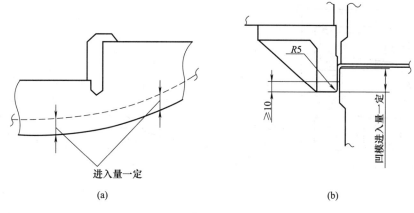

图 5-32　进入量在冲压方向原则上也是一样的

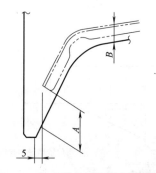

图 5-33　先成形比较陡的倾斜部位

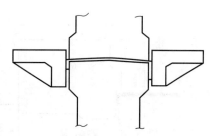

图 5-34　两侧刃口必须同时接触

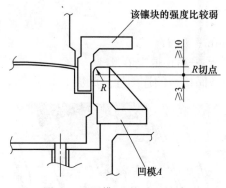

图 5-35　凹模 A 的刃口尺寸

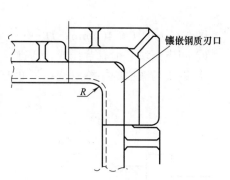

图 5-36　凹模角部镶嵌钢质刃口

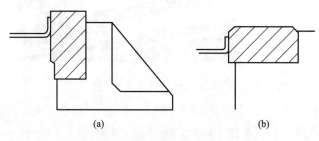

图 5-37　凹模刃口镶块的结构形式

图 5-38　翻边高不足 5mm 时可以不加凹模刃口镶块

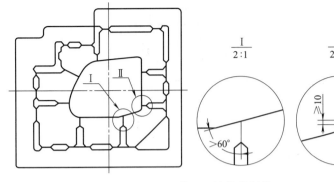

图 5-39　凹模刃口镶块分割线

图 5-40　角度大于 60°时按
凹模刃口法向方向分割

④ 凹模镶块分割线还要与凸模镶块分割线相距 10mm（错开）以上。

⑤ 凹模刃口镶块的反侧如图 5-41 所示。

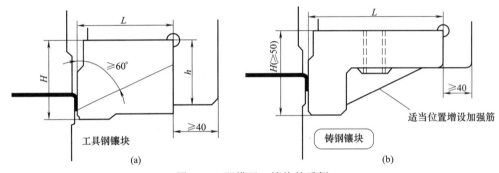

图 5-41　凹模刃口镶块的反侧

图 5-41 中，$L \leqslant 400mm$；$H = 50 \sim 150mm$；$h \geqslant 20mm$；$L/H \geqslant 1.5$。

⑥ 凹模镶块必须有背托或止退键，如图 5-42 所示的是采用止退键的形式。

⑦ 镶块与镶块的拼缝应选在型面处，这样可以检查型面接合的连续性，如图 5-43 所示。

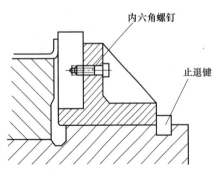

图 5-42　凹模镶块采用止退键形式

图 5-43　镶块与镶块的拼缝应选在型面处

(7) 凹模分块

凹模的分块分别取决于凹模形状、质量、长度及钳工研配间隙工艺，具体如下。

① 为了方便加工制造，一般在平面上的直线部分分块，如图 5-44 所示。在 θ 及 R 特别小时，使钳工修角容易，应在 R 之切点以外分块。

② 凹模端头为尖角时，沿产品终止点加出 A 尺寸，修改成如图 5-45 所示形状。其中 A 尺寸钢质不小于 15mm，铸铁不小于 25mm。

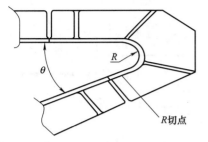

图 5-44　在平面上的直线部分块

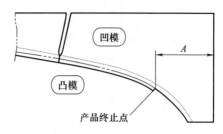

图 5-45　修改后的凹模端头

③ 在断面形状上的镶块分块参照下面两种情况：

a. 翻边线倾斜角度在 30°以下时，如图 5-46 所示。

b. 翻边线倾斜角度在 30°以上时，如图 5-47 所示。

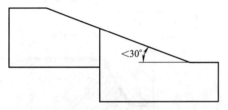

图 5-46　翻边线倾斜角度在 30°以下时

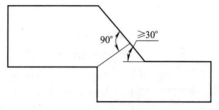

图 5-47　翻边线倾斜角度在 30°以上时

④ 凹模与底板的分块。从成本上考虑，希望采取整体方式，但当凹模与底板要求材质不同、或考虑试制时的调整，采取分块方式。

a. 一体式，如图 5-48 所示。

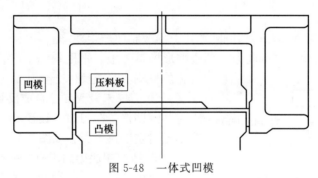

图 5-48　一体式凹模

b. 分块式，如图 5-49 所示。

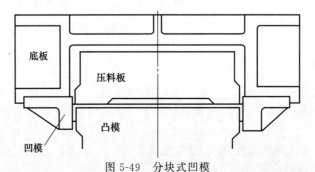

图 5-49　分块式凹模

⑤ 凹模与压料板的分块。

a. 以制件材料外线分块，如图 5-50 所示。

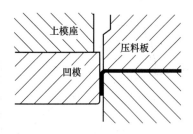

图 5-50　以制件材料外线分块

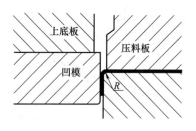

图 5-51　在 R 切点处分块

b. 制件圆角 R 大时，在 R 切点处分块，如图 5-51 所示。

c. 翻边直线部分小于料厚的 2 倍时，在圆角 R 切点处分块，如图 5-52 所示。

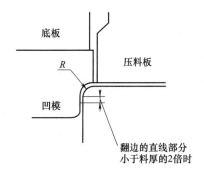

图 5-52　在圆角 R 切点处分块

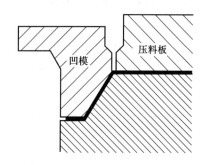

图 5-53　以制件弯曲点分块

d. 如图 5-53 所示，以制件弯曲点分块。

(8) 凹模反侧

侧向力可造成翻边、整形刃口间隙变化，导致制件产生缺陷。

① 上、下压料结构造成侧向力。翻边整形模具为上、下压料结构时，必须设置消除侧向力的反侧块（或反侧凸台）。

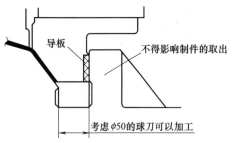

图 5-54　设置导板

② 刃口未设反侧凸台或反侧凸台高度不足。考虑间隙调整，在刃口未设反侧凸台或反侧凸台高度不足时应设置导板，如图 5-54 所示。

③ 铸造镶块刃口没有加强筋，造成刃口刚性不足。此种情况下，应增设加强筋。

5.3.3　凸模与凹模镶块设计要点

(1) 凸模与凹模镶块尺寸的确定

① 为了易于搬运及研合，单个镶块质量应小于 30kg。

② 铸造镶块长度 L≤450mm，锻造镶块 L≤300mm。

③ 镶块质量≥15kg 时要设置起吊螺孔，取放不方便的零件部件至少设置一个 M12 起吊螺孔。

④ 上模镶块定位销处要起台，便于设置丝堵。

⑤ 镶块下方随形筋宽度不小于 50mm。

（2）凸模与凹模镶块的固定

① 镶块螺钉交错布置，不要把螺钉排在在一条直线上，如图 5-55 所示。

② 长度在 150mm 以下的镶块设置两个紧固螺钉和两个销钉，如图 5-56 所示。

③ 长度在 150～250mm 之间的镶块设置三个紧固螺钉和两个销钉，如图 5-57 所示。

④ 长度在 251～350mm 之间的镶块设置四个紧固螺钉和两个销钉，如图 5-58 所示。

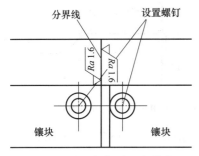

图 5-55　镶块螺钉需要交错布置

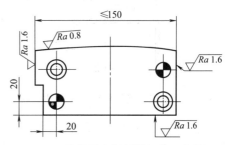

图 5-56　设置两个紧固螺钉和两个销钉

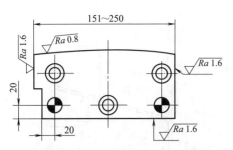

图 5-57　设置三个紧固螺钉和两个销钉

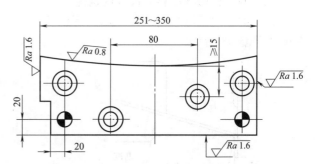

图 5-58　设置四个紧固螺钉和两个销钉

⑤ 如果既有正面螺钉，又有侧面螺钉且沿周翻边整形的情况，则镶块不需要都使用销钉，可保留在四角的镶块使用销钉，如图 5-59 所示。

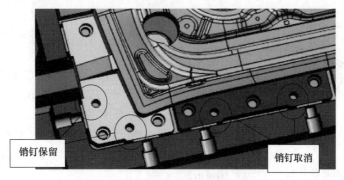

图 5-59　保留在四角的镶块使用销钉

5.4　压料板设计要点

压料板的作用是既压料又卸料，此外还兼有防止坯料移动、弹跳和变形等作用。

5.4.1　压料板压料面尺寸设计要点

压料面尺寸的确定，主要是确定压料板和凸模的压料面尺寸，也就是有效工作面尺寸。

(1) 平坦形状压料面尺寸的确定

对于汽车覆盖件平坦形状的压料面尺寸，外板和内板要求是不同的，一般的要求如图5-60和图5-61所示。

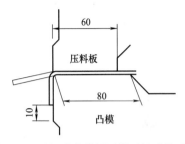

图 5-60　平坦形状外板压料面尺寸的确定

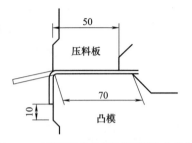

图 5-61　平坦形状内板压料面尺寸确定

对于内、外板压料面尺寸，翻边尺寸比较小时，可取 80mm（压料板）和 100mm（凸模），特殊情况下，可取 180mm（压料板）和 200mm（凸模）。

(2) 倾斜面形状压料面尺寸的确定

同样的，对于汽车覆盖件倾斜面形状的压料面尺寸，外板和内板要求也是不同的，如图5-62和图5-63所示。

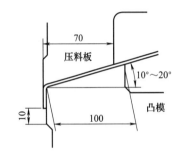

图 5-62　斜面形状外板压料面尺寸的确定

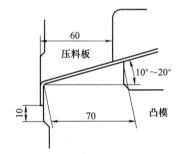

图 5-63　斜面形状内板压料面尺寸的确定

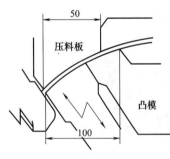

图 5-64　曲面形状压料
面尺寸的确定

(3) 曲面形状压料面尺寸的确定

对于汽车覆盖件曲面形状的压料面尺寸，其要求如图5-64所示。

注意：压料面设计时，应注意方便制件的取送；不会引起制件变形的部分，可沿形空开 10mm，如图 5-65 所示；压料面的符型区应与托料面相互对应，可比凸模托料面少10mm，如图5-66 所示；压料板的表面宽度一般部位为70～90mm。可能变形之处，取 90～140mm，让开面比制件面低 10mm。

5.4.2　压料板工作行程设计要点

翻边整形模具工作时，压料板是上下运动的，压料板工作行程的大小在设计前期就要确定下来。压料板工作行程的大小直接影响弹性元件的行程及规格的选择；影响工作侧销（或限位螺栓）的限位行程；影响上、下模外导向及压料板内导向的距离；影响模具的存放高度等。

以下按垂直翻边与倾斜翻边时两种情况下，来确定压料板的工作行程。

(1) 垂直翻边时压料板工作行程的确定

如图 5-67 所示，垂直翻边时压料板工作行程为：

$$S = A + \alpha + \beta \tag{5-9}$$

式中　S——压料板工作行程（$\geqslant 30$），mm；

　　　A——翻边行程，mm；

　　　α——压料板空行程（$\geqslant 10$），mm；

　　　β——凹模与工序件接触时的干涉（$\geqslant 10$），mm。

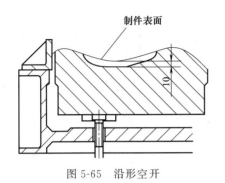

图 5-65　沿形空开

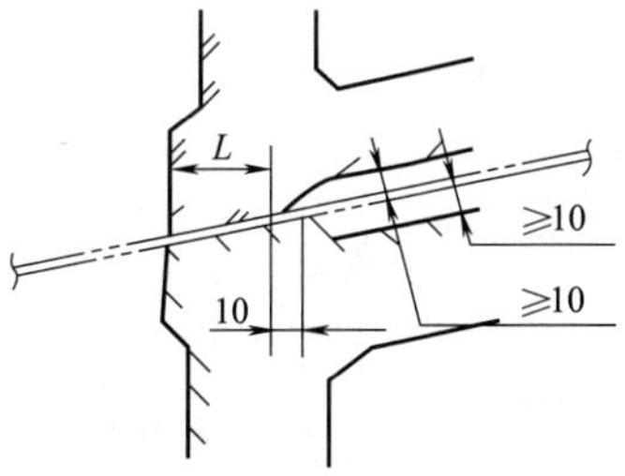

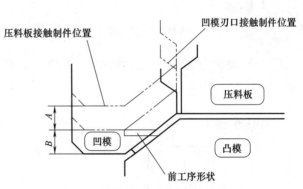

图 5-66　压料面的符型区应与托料面对应

带有压料板成形时取大一点；凹模刃口接触制件开始到成形完了为止，应注意前一工序的形状变化，其行程取最大值。

（2）倾斜翻边时压料板工作行程的确定

如图 5-68 所示，倾斜翻边时压料板工作行程为：

$$S = A + B \tag{5-10}$$

式中　S——压料板工作行程（$\geqslant 30$），mm；

　　　A——压料板空行程（$\geqslant 10$，带有压料板成形时，$A = 20 \sim 30$），mm；

　　　B——翻边整形行程，mm。

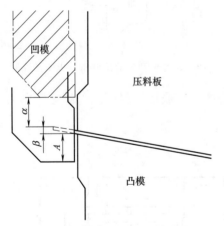

图 5-67　垂直翻边时压料板工作行程

图 5-68　倾斜翻边时压料板工作行程

设计压料板行程时，注意要加上上道工序件的回弹量。如图 5-69 所示，即在加工工序三时应加上工序二的回弹量。

5.4.3　压料板强度设计要点

① 翻边整形模具压料板的材料一般为 HT250，需用压料板兼有成形作用时材料为 HT300或合金铸铁。

② 翻边整形模具压料板的厚度同修边冲孔模具的压料板相类似，见表 4-15。特别是在中

间部位，压料板的断面面积明显变小时，应注意其强度。

③ 有推力作用于压料板上时，要注意刚性，厚度最薄尺寸（铸铁件时）见表 4-15。

④ 强度变小的地方，采用钢质镶块增加强度，如图 5-70（a）所示；或将材质改为铸钢（或球铁），如图 5-70（b）所示。

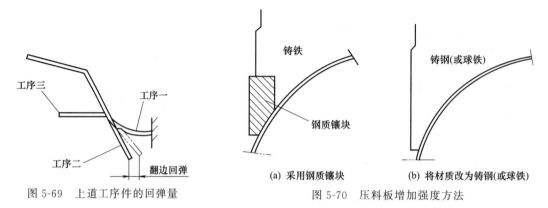

图 5-69 上道工序件的回弹量

图 5-70 压料板增加强度方法

(a) 采用钢质镶块   (b) 将材质改为铸钢（或球铁）

⑤ 在压弯翻边结束，压料板需墩死时，其与上模的接触面应加大，断面面积小的部位的底面必须接触到底板；断面强度弱的部分，底面必须与底板接触，如图 5-71 所示。

⑥ 在产生回弹的部位，压料板不需让开，如图 5-72 所示。

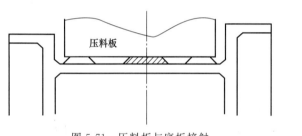

图 5-71 压料板与底板接触

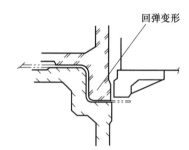

图 5-72 在产生回弹的部位压料板不需让开

⑦ 应预测翻边整形时的压料效果，必要时，将压料板设计成压过斜面，以消除侧向力，保证压料稳定，如图 5-73 所示。

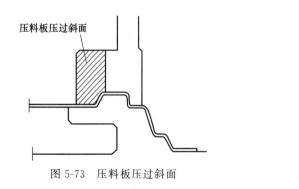

图 5-73 压料板压过斜面

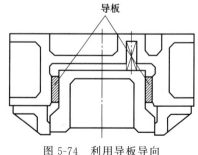

图 5-74 利用导板导向

5.4.4 压料板导向设计要点

① 一般情况下，大型和中型模具，压料板利用导板导向，如图 5-74 所示；小型模具，利用小导柱/导套导向。

② 生产批量小的情况下，采用凹模镶块或导向块来导向，如图 5-75 所示。

5.4.5　压料板与凹模间隙设计要点

① 当翻边圆角 $R \leqslant 1$ 时，压料板与凹模的间隙为 0.5mm，如图 5-76 所示。

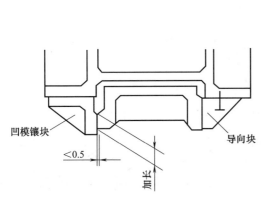

图 5-75　采用凹模镶块或导向块来导向

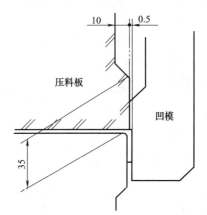

图 5-76　翻边圆角 $R \leqslant 1$ 时压料板
与凹模的间隙

② 当翻边圆角 $R > 1$ 时，压料板与凹模的间隙为 (1 ± 0.2) mm，如图 5-77 所示。

③ 在压料板倾斜的场合，压料板与凹模的间隙为 (1 ± 0.2) mm，如图 5-78 所示。

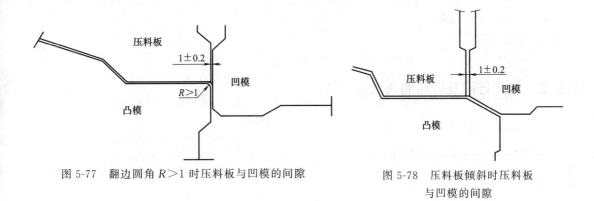

图 5-77　翻边圆角 $R > 1$ 时压料板与凹模的间隙　　　　图 5-78　压料板倾斜时压料板
　　　　　　　　　　　　　　　　　　　　　　　　　　　　与凹模的间隙

5.5　导向、导向行程及导向面长度设计要点

汽车覆盖件翻边整形模具导向是为了保证模具工作时各相对运动部位具有正确位置及良好运动状态。模具导向零件包括导柱与导套、导板及导块等。

5.5.1　导向设计要点

(1)　导柱与导套导向

当翻边整形件不太大、侧向力较小时，翻边整形模具的上、下模导向，可选用两对或四对导柱与导套导向，结构简单，制造方便，如图 5-79 所示。

在使用四个导柱的情况下，并且被加工材料厚度不大于 1.2mm 时，导柱直径尺寸可以参考图 5-80 选取。

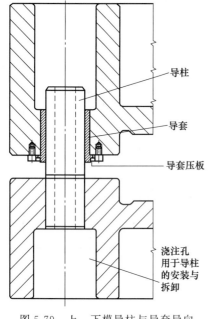

图 5-79　上、下模导柱与导套导向

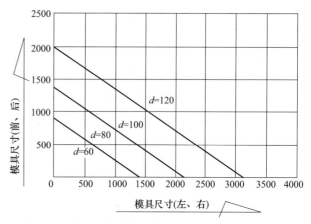

图 5-80　使用四个导柱的情况下导柱直径尺寸的选取

导柱与导套的导向一般是将导柱放在下面，导套放在上面。

（2）导板导向

导板的选择原则是：侧向力较小时使用单面导板，反之则使用双面导板。在采用导块导向时，还可以辅以导柱导向。

（3）导向间隙

采用导板导向时，导向间隙为（0.03±0.02）mm。

5.5.2　导向行程及导向面长度设计要点

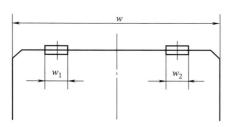

图 5-81　导向面长度选定

（1）导向行程

① 中、小型模具其行程不小于 50mm。

② 大型模具其行程不小于 50mm。

③ 模具接触板料前至少 30mm，导向开始导入。

（2）导向面长度

导向面长度的选定如图 5-81 所示，图中 $w_1 + w_2 \geqslant w$ （0.2～0.25）mm。

5.6　翻边顶出器设计要点

汽车覆盖件翻边整形模常常使用翻边顶出器退料，方便适用。

5.6.1　翻边顶出器设置设计要点

（1）设置翻边顶出器的条件

① 以下两种情况，不是变薄翻边时，不设顶出器，如图 5-82（a）和（b）所示。

② 翻边时制件有包凸模的倾向时使用翻

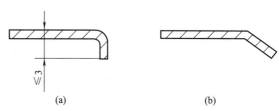

（a）　　　　　　　　　　　　　　（b）

图 5-82　不设置翻边顶出器的两种情况

边顶出器。

　　③ 收缩翻边时使用翻边顶出器，如图 5-83 所示。

　　④ 伸长翻边时使用翻边顶出器，如图 5-84 所示。

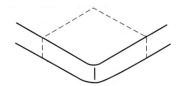

图 5-83　收缩翻边时使用翻边顶出器

图 5-84　伸长翻边时使用翻边顶出器

　　⑤ 形状变化大时使用翻边顶出器，如图 5-85 所示。

　　⑥ 角部翻边（聚料）时使用翻边顶出器，如图 5-86 所示；

　　⑦ 内孔翻边（聚料）时使用翻边顶出器，如图 5-87 所示。

图 5-85　形状变化大时使用翻边顶出器

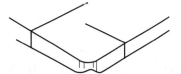

图 5-86　角部翻边（聚料）

（2）翻边顶出器布置的位置

　　翻边顶出器的布置由顶出器的使用条件及制件形状决定，应考虑如下事项。

　　① 在形状比较平坦处布置，间隔在 600～700mm 之间，如图 5-88 所示；

　　② 考虑在放入或取出制件时没有干涉的位置（主要考虑躲开定位块）；

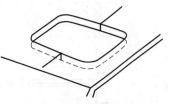

图 5-87　内孔翻边（聚料）

　　③ 向上翻边时，翻边顶出器可布置在上模上（但要考虑润滑是否方便等）；

　　④ 尽可能在角部布置，因为角部包件的可能性比较大；

　　⑤ 在刚性强的地方多设置。

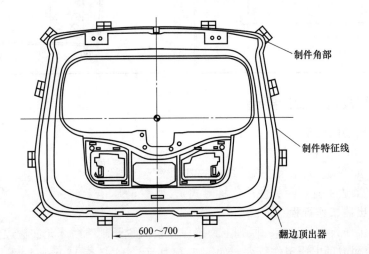

图 5-88　在形状比较平坦处布置翻边顶出器

(3) 翻边顶出器布置实例

几种典型的汽车覆盖件翻边顶出器布置的实例见表 5-4。

表 5-4　几种典型的汽车覆盖件翻边顶出器布置实例

名称	布置简图	名称	布置简图
前挡泥板	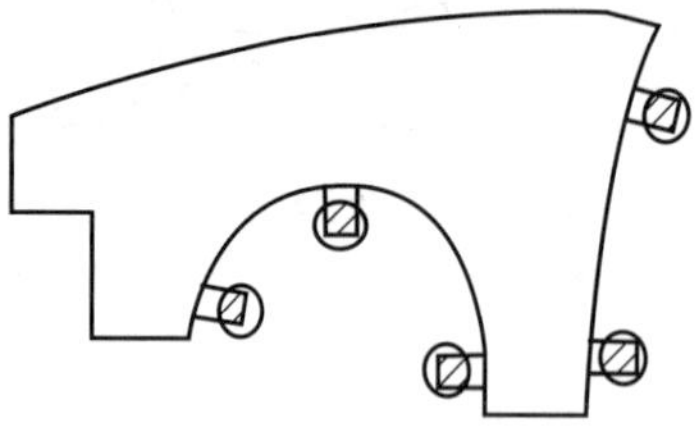	后挡泥板	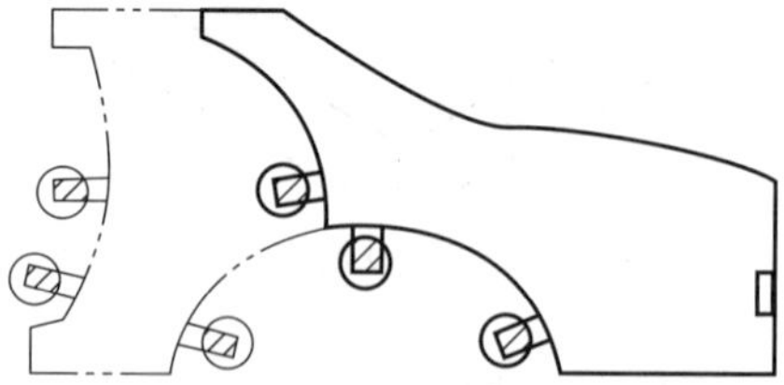
发动机罩外板	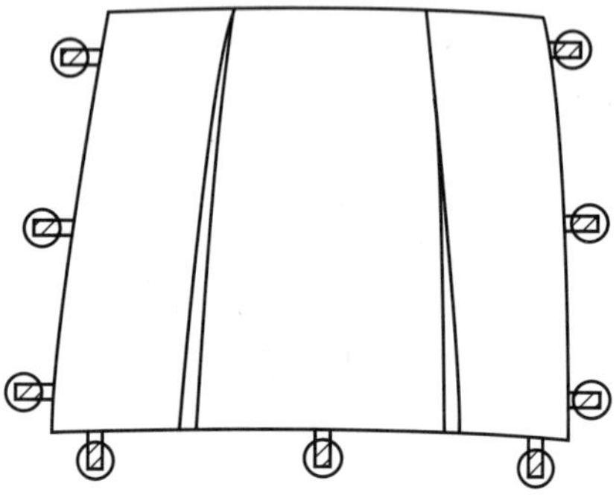	后盖门外板	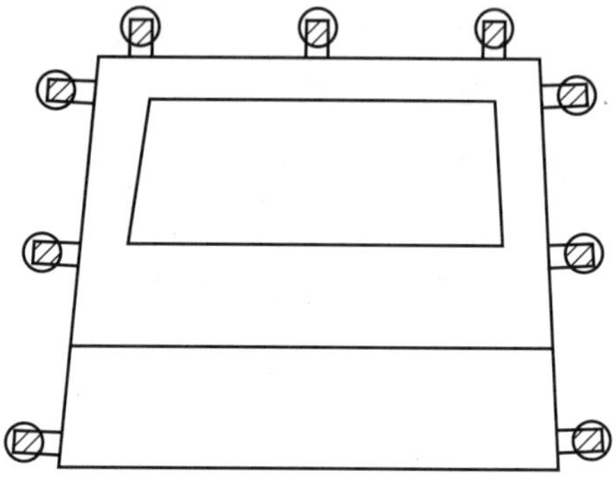
前门外板	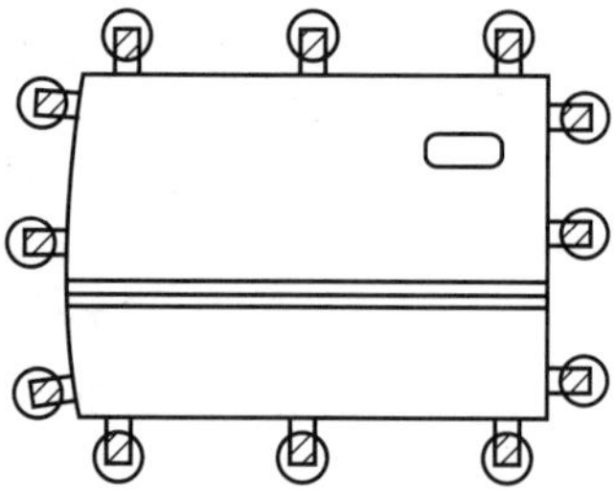	后门外板	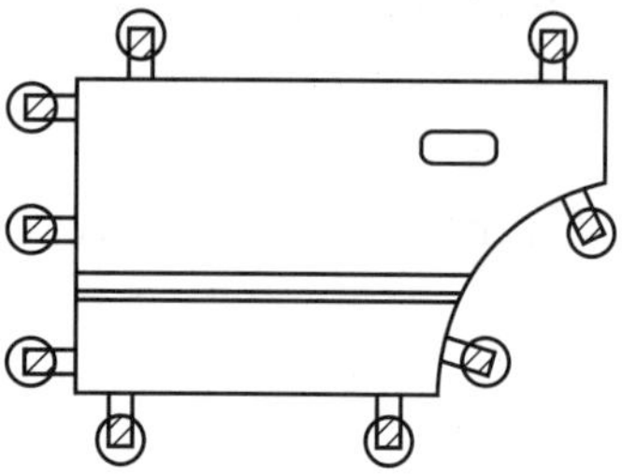
行李箱外板	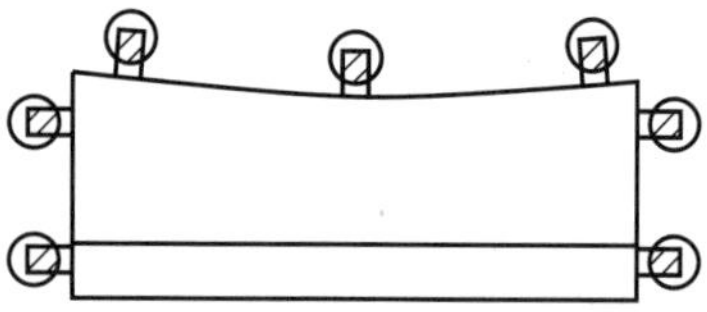	顶盖	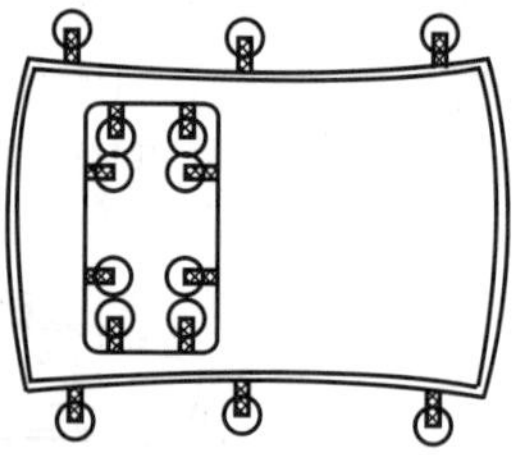

5.6.2　顶出器及行程设计要点

(1) 翻边顶出器的类型

① 套筒式，如图 5-89 所示，这种结构是采用标准件。

② 一体式，如图 5-90 所示，这种结构的制件需要自制。

③ 汽缸式（翻边不垂直时，使用这种形式），如图 5-91 所示。

(2) 翻边顶出器工作行程

翻边顶出器工作行程的设定，原则上为确保压料板脱开制件后才允许翻边顶出器工作。

① 单动结构翻边顶出器工作行程　如图 5-92 所示，当 $P_s \leqslant 120\text{mm}$ 时采用单动结构翻边顶出器，其工作行程为

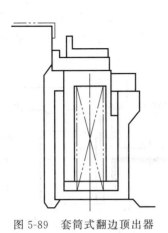

图 5-89　套筒式翻边顶出器

图 5-90　一体式翻边顶出器

$$P_s = S + a + L \qquad (5\text{-}11)$$

式中　P_s——翻边顶出器工作行程，mm；

　　　S——压料板行程，mm；

　　　a——空行程（$\geqslant 10$），mm；

　　　L——翻边高度，mm。

② 双动结构翻边顶出器工作行程　如图 5-93 所示，当 $P_s > 120$mm 时采用顶杆为弹性结构的双动结构翻边顶出器。计算公式与式（5-11）相同。

当 $S_1 = 120$mm 时，有

$$S_2 = P_s - S_1 \qquad (5\text{-}12)$$

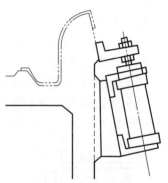

图 5-91　汽缸式翻边顶出器

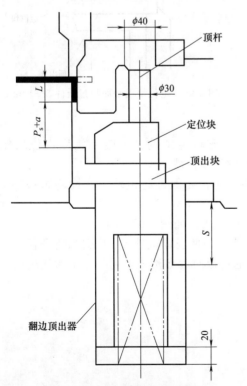

图 5-92　单动结构翻边顶出器

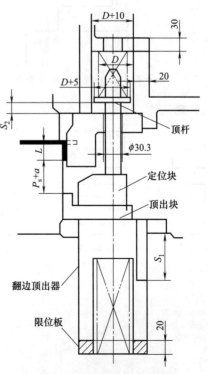

图 5-93　双动结构翻边顶出器

此种结构适用于翻边顶出器的行程较大的场合，必须保证顶杆弹簧初载荷要大于翻边顶出器被压下 $L+10$mm 时的顶出器弹簧载荷。弹簧 B（上）弹力需大于弹簧 A（下）的弹力，顶杆需高频淬火。

（3）翻边顶出器工作行程的确认

如图 5-94 所示，当压料板距离制件 5mm 时，必须保证：

① 翻边顶出器的顶出块距制件翻边端部 5mm 以上。

② 定位块导向面距制件表面预留 10mm 以上。

5.6.3 顶出器附属件设计要点

翻边整形模具翻边顶出器附属件主要有顶出块和定位块。

（1）顶出块

① 为了确保与制件同时接触并退件，顶出块形状与制件翻边形状线应当吻合。

② 顶出块将制件顶出后，其上平面不得超出上序板件平面，如图 5-95 所示。

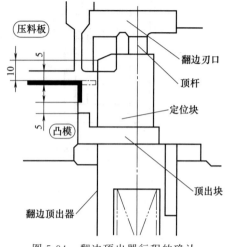

图 5-94　翻边顶出器行程的确认

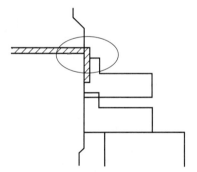

图 5-95　上平面不得超出上序板件平面

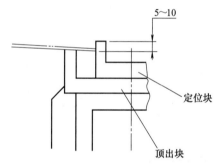

图 5-96　定位块上平面超过板件 5～10mm

（2）定位块

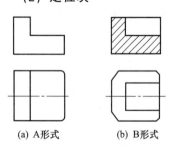

(a) A形式　　(b) B形式

图 5-97　定位块的两种形式

① 能够采用凸模形状定位的，一般不使用定位块定位（浅拉延件应设计定位用定位块）。

② 压料板压住料时，要保证定位块上平面超过板件 5～10mm，如图 5-96 所示。

③ 定位块有两种形式，如图 5-97 所示。

一般使用 A 形式。为使发动机外罩、门外板等覆盖件送料方便，侧面的翻边退料板使用 B 形式。另外，由形状决定位置的，不使用定位块。

第6章

汽车覆盖件斜楔模具设计要点

斜楔模具是通过斜楔机构，将垂直运动改变为水平运动或者倾斜运动，最终完成垂直冲压不能完成的工作（如侧冲孔、侧翻边等）的冲压模具。如图 6-1 所示的是某车型行李厢外板斜楔冲孔模具。

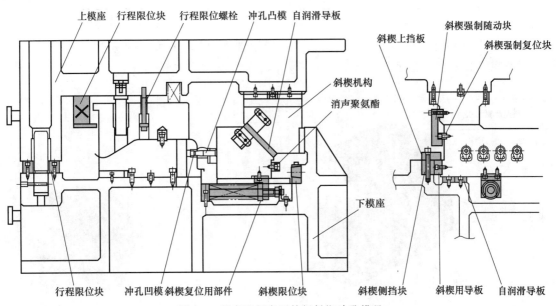

图 6-1　某车型行李厢外板斜楔冲孔模具

（1）斜楔模具的类型

斜楔模具的类型按照滑块的附着方式可以分为普通斜楔模具、悬吊斜楔模具和旋转斜楔模具三大类。

① 普通斜楔模具　如图 6-2 所示的是普通斜楔模具。普通斜楔机构中的斜楔设计成斜面，反侧块也做成滑动机构。如图 6-3 所示的悬吊斜楔模具，滑块等件是安装在下模座上的。

普通斜楔机构的滑块等件，一般安装在下模座上，这样的设置使设计和运动相对比较简单。但有些情况，滑块等件附着在下模座时，制件的送入和取出不方便，或者影响模具其他功能的实现，此时应考虑采用悬吊斜楔机构。按照滑块的运动方式，普通斜楔机构又可以分为水平斜楔机构（如图 6-4 所示）和倾斜斜楔机构（模具本体与滑块接触面为斜面，如图 6-5 所示）两种。

水平斜楔机构适用于加工方向为 $80° \leqslant \alpha \leqslant 100°$，即加工方向为水平方向向上倾斜 $10°$ 和向下倾斜 $10°$ 的范围；滑块作向下倾斜运动称为正向倾斜斜楔机构（一般 $\alpha < 80°$），滑块作向上倾斜运动称为逆向倾斜斜楔机构（一般 $100° < \alpha \leqslant 105°$）。

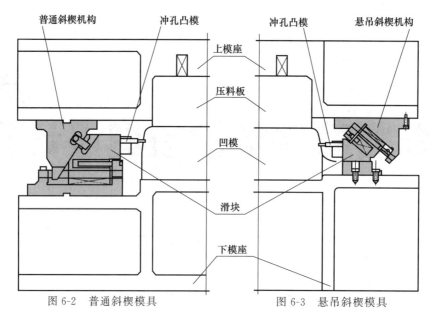

普通斜楔机构　　　冲孔凸模　　　　冲孔凸模　　悬吊斜楔机构

上模座

压料板

凹模

滑块

下模座

图 6-2　普通斜楔模具　　　　　图 6-3　悬吊斜楔模具

　　② 悬吊斜楔模具　如图 6-6 所示的是悬吊斜楔模具的斜楔机构，是安装在上模座上的，模具工作完成后随上模上行。

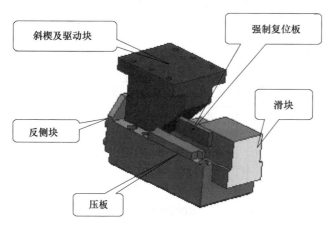

斜楔及驱动块　　　　　强制复位板

反侧块　　　　　　　　滑块

压板

图 6-4　水平斜楔机构

图 6-5　倾斜斜楔机构

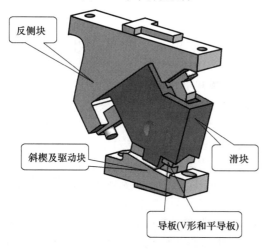

反侧块

斜楔及驱动块　　　滑块

导板(V形和平导板)

图 6-6　悬吊斜楔机构

　　悬吊斜楔机构必须保证无废屑沉积在驱动面上。驱动面为棱形。斜楔导向装置不用销定位而是用肩或键来控制。填充斜楔驱动楔的厚度需打印标记，便于维修。

　　③ 旋转斜楔模具　在汽车覆盖件模具设计过程中，经常会遇到负角成形。若使用普通的成形模具，成形以后，制件包在凸模上难以取下来。旋转斜楔模具是利用旋转斜楔机构，通过凸模的旋转，在负角成形完成后，达到顺利取出制件的目的，如图 6-7 所示的是旋转斜楔模具局部。

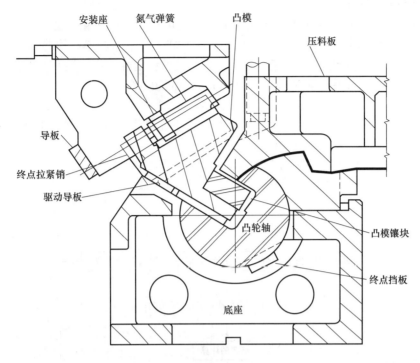

图 6-7　旋转斜楔模具局部

如图 6-8 所示的是旋转斜楔模具的旋转斜楔机构。当斜楔运动时可以带动飘滑块，实现一次完成有负角度的翻边成形或弯曲等动作。

对于需要负角成形的汽车钣金件，旋转斜楔机构比以往的普通斜楔机构具有较大的优势，特别是在汽车车门、立柱、翼子板、侧围、顶盖、行李厢外板、机罩外板等带有负角成形部位的应用。

旋转斜楔模具有替代双动斜楔模具的趋势。

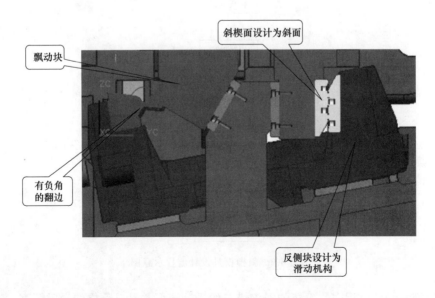

图 6-8　旋转斜楔机构

(2) 斜楔模具的特点

斜楔模具能够完成垂直冲压不能完成的工作，适用于要求形状和位置精度比较高的制件，其结构比一般模具结构复杂。斜楔模具所使用的斜楔机构，各有其不同的特点。

① 普通斜楔。与将产品悬挂加工方式比较，产品的稳定性、作业性好。但由于结构复杂，模具成本高。在翻边等工序，需充分考虑制件的取出问题。

② 倾斜斜楔。水平斜楔不能加工时采用。

③ 悬吊斜楔。加工方向倾斜较大，用倾斜斜楔不能加工时使用。作业性好，且适合多工位转换加工，主要问题是刃口研配困难。

④ 旋转斜楔。简化模具结构，减少冲压工序，精确性提高并更稳定。占用空间比较大，而且结构复杂，对于模具的强度有影响，加工、研配时间较长。

(3) 斜楔模具的设计流程

如图 6-9 所示是斜楔模具的设计流程示意图。

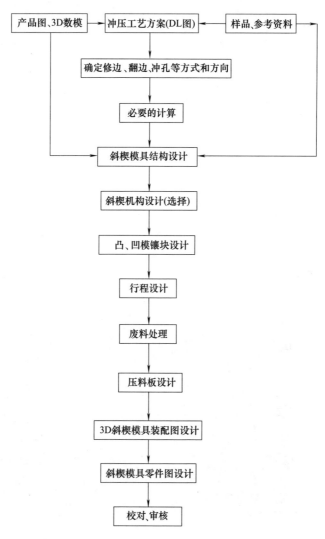

图 6-9　斜楔模具设计流程示意图

在实际模具设计过程中，上述的斜楔模具的设计流程并没有严格的先后顺序，这些步骤往往是交错进行的。

6.1 整体结构设计要点

现以某车型后立柱翻边及侧冲孔（使用悬吊斜楔）模具为例，介绍其斜楔模具整体结构设计要点。

6.1.1 各主要部分高度尺寸设计要点

如图 6-10 所示的为某车型后立柱翻边及侧冲孔模具剖视图（从中间剖开），上模有上模座、翻边凸模（图中未标注）、斜楔机构的斜楔及压料板等部件；下模有下模座与冲孔（翻边）凹模镶块及斜楔机构的滑块等部件。工作时，工序件放在冲孔（翻边）凹模镶块上。上模下行，压料板下行并在弹簧的作用下压紧工序件；接着翻边凸模下行接触工序件开始翻边整形，同时斜楔机构的斜楔推动安装在滑块上的冲孔凸模向斜下方运动；到模具闭合时，完成翻边及侧冲孔。

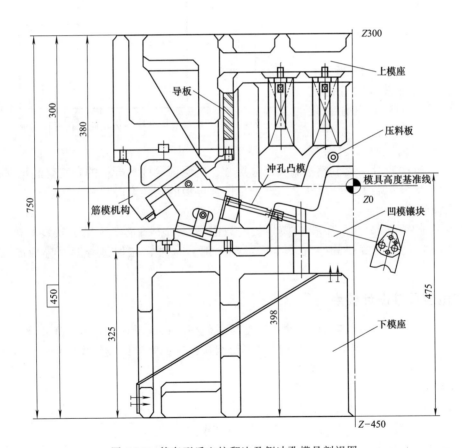

图 6-10 某车型后立柱翻边及侧冲孔模具剖视图

从图 6-10 中可以知道，冲孔（翻边）整形凹模镶块的高度（下模高度）尺寸是 475mm（加上下模座部分尺寸），而翻边凸模（镶块）的高度（上模高度）尺寸是 380mm（加上上模座部分及压边圈的高度尺寸）。

假设高度基准线处 $Z=0$，经过高度调整后，上模顶部高度坐标为 $Z300$，下模底部高度坐标为 $Z-450$。这里 $Z300$ 表示坐标 Z 值为 300mm，$Z-450$ 表示坐标 Z 值为 -450mm。

在如图 6-11 所示的某车型后立柱翻边及侧冲孔模具左视图中，上模座高度尺寸为

260mm；下模座高度尺寸为 370mm；模具的闭合高度为 750mm。

6.1.2 长度尺寸设计要点

斜楔模具下模长度包括各凹模镶块、斜楔机构的滑块及左右端头的长度等，而上模长度主要包括各凸模镶块、斜楔机构的斜楔组合起来的总长（压料板放置在中间）以及左右端头的长度等。

(1) 下模长度

如图 6-12 所示的是某车型后立柱翻边及侧冲孔模具下模俯视图。

从图中可得

模具长度 $= L + L_1 + 2L_2 + 2L_3$

$$(6-1)$$

式中　L_1——下模座中间部分长度，它是放置翻边及侧冲孔凹模镶块的空间；

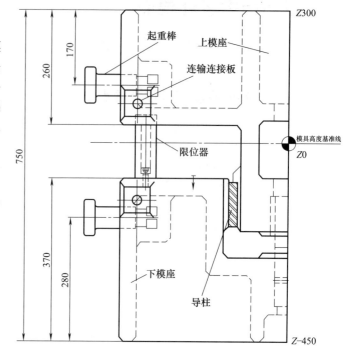

图 6-11　某车型后立柱翻边及侧冲孔模具左视图

L_2——安装缓冲器、斜楔机构的滑块及下模两端头部分尺寸，应保证导柱、导板的安装空间足够；

L_3——下模两端头部分尺寸，应保证导柱、导板的安装空间足够。

(2) 上模长度

根据模具结构可知，上、下模的模具长度数值是必须相等的。上模是安装斜楔机构的斜楔、翻边及侧冲孔凸模镶块的空间及上模两端头部分尺寸，应保证导套、导板的安装空间足够。

6.1.3 宽度尺寸设计要点

斜楔模具下模宽度包括各凸模镶块的宽度以及斜楔机构的滑块的宽度，还包含端头宽度及安全区宽度等；而上模宽度主要包括各凹模镶块组合起来的宽度以及斜楔机构的斜楔范围的宽度，还包含端头宽度及安全区宽度等。

(1) 下模宽度

从图 6-12 中可知下模宽度的计算公式为

端头处模具宽度　　　　　　　　　　$W = W_1 + 2W_2$　　　　　　　　　　(6-2)

式中　W_1——下模座左右端头凹下部分宽度，它是上、下模导向的空间，两者都与模具的大小有关；

W_2——下模左右端头处的氮气弹簧区域等的宽度。

模具中心处宽度　　　　　　　　　　$W' = W'_1 + 2W'_2$　　　　　　　　　　(6-3)

式中　W'_1——凸模镶块区域的宽度；

W'_2——斜楔机构的滑块区域的宽度。

(2) 上模宽度

根据模具结构可知，上、下模的模具宽度数值是必须相等的。

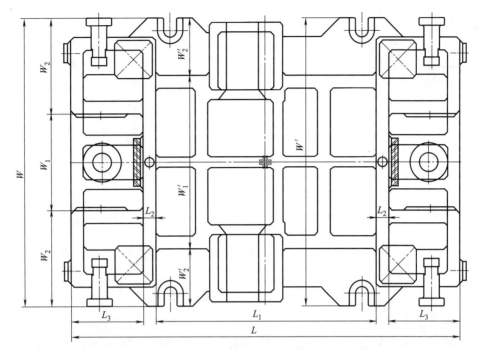

图 6-12　某车型后立柱翻边及侧冲孔模具下模俯视图

6.2　斜楔机构设计要点

斜楔机构只有在工艺和设计上无法避免时才可以采用。特别要注意，斜楔机构优先考虑安装在下模（普通斜契机构）上，如若不行，则考虑安装在上模（悬吊斜契机构）上。悬吊斜楔机构只允许固定在上模上。如图 6-13 所示的是斜楔机构不同位置安放示意图。

如图 6-14 所示的是几种典型的斜楔机构。

(1) 斜楔机构的特点

① 比较容易安装在汽车覆盖件模具上。

② 因为在滑动面填充了润滑剂，因此能防止胶合，无需另行加油（初期加入少量甘油可以延长其使用寿命）。

③ 工作一个周期后，由强制复位块和弹簧（或氮气弹簧等）安全地复位。

④ 结构紧凑，减小安装面积。

⑤ 其结构具有很高的强度和耐用性。

⑥ 使用导板及氮气弹簧，提高斜楔机构的使用寿命及加工能力。

⑦ 部分结构采用了 V 形导块结构，使用更方便。

简单的斜楔模具使用导板进行导向，如果侧向力较大，一般都是采用导柱加导腿（导板）的导向形式。

(2) 斜楔机构的工作过程

以普通斜楔机构为例，说明斜楔机构的工作过程。

压力机滑块向下垂直运动，带动安装在上模座上的斜楔（驱动件），推动安装在下模座或安装件上的斜楔滑块（从动件）作水平运动（向左或向右），由安装在斜楔滑块上的工作部件（凸模等）与安装在下模座上的工作部件（凹模等），完成水平方向的加工任务，如修边、翻

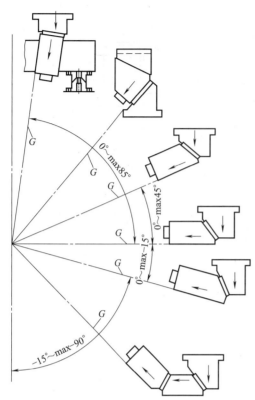

图 6-13 斜楔机构不同位置安放示意图

注：图中 G 表示滑块的运动方向。

边、弯曲、冲孔及切口等工序。

压力机滑块回程时，斜楔滑块由强制复位块和弹簧（或氮气弹簧等）安全地复位。

一个工作循环结束后，再进行下一个工作循环。

(3) 斜楔机构编号规则

① 模具上的所有斜楔机构均需要编号标识，统一印在斜楔机构各部分的显著位置，如图 6-15 和图 6-16 所示。

② 斜楔机构的编号规则和镶块编号规则相同。

③ 标识需要用标准钢印雕刻在斜楔机构上。

6.2.1 斜楔机构行程设计要点

通过压力机上滑块施加给主动斜楔向下垂直方向的力 P 与工作斜楔沿滑动方向所受的力 F（加工力＋压料力＋回位弹簧力）以及行程 S 存在有一定的关系，在不考虑滑动面上的摩擦力等因素的情况下，斜楔机构行程设计要点如下所述。

(1) 斜楔机构力和行程的关系

① 水平斜楔 水平斜楔的运动方向为水平，滑块安装在下模座上，如图 6-17 所示。水平斜楔的力和行程有如下的关系式成立：

$$F = P / \tan\alpha \, (\mathrm{N}) \tag{6-4}$$

$$S = L \tan\alpha \, (\mathrm{mm}) \tag{6-5}$$

例如，当 $\alpha = 30°$ 时，有

$$F = 1.73 \times P \, (\mathrm{N})$$

$$S = 0.58 \times L \, (\mathrm{mm})$$

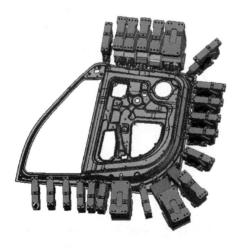

(a) 侧冲孔

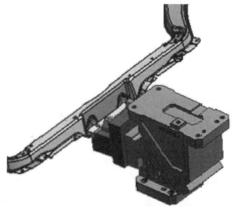

(b) 侧修边

图 6-14

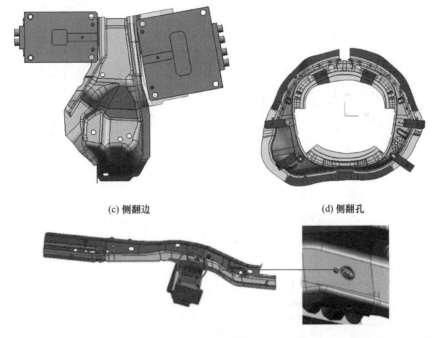

(c) 侧翻边   (d) 侧翻孔

(e) 侧刺破

图 6-14 　几种典型的斜楔机构

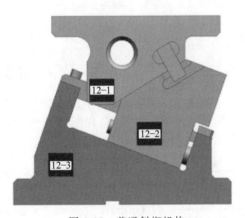

图 6-15　普通斜楔机构

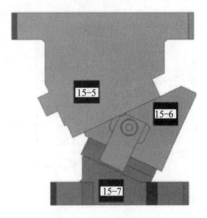

图 6-16　悬吊斜楔机构

当 $\alpha=40°$ 时，有

$$F=1.19P(\mathrm{N})$$

$$S=0.84L(\mathrm{mm})$$

式中　S——滑块行程，mm；

　　　L——斜楔行程，mm；

　　　α——斜楔角，即斜面与垂直面的夹角，(°)。

② 正向倾斜斜楔　正向倾斜斜楔是运动方向与水平有一定夹角的斜楔。其与滑块座一起安装在下模座上，如图 6-18 所示。正向倾斜斜楔的力和行程有如下的关系式成立：

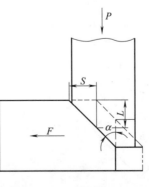

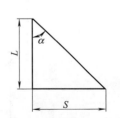

(a) 受力示意图   (b) 行程示意图

图 6-17　水平斜楔受力及行程示意图

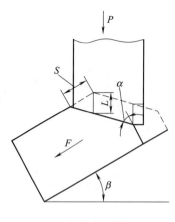
(a) 受力示意图

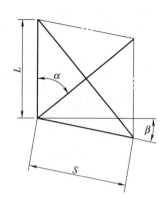
(b) 行程示意图

图 6-18　正向倾斜斜楔受力及行程示意图

$$F = \frac{\cos(\alpha - \beta)}{\sin\alpha} \times P(\text{N}) \tag{6-6}$$

$$S = \frac{\sin\alpha}{\cos(\alpha - \beta)} \times L(\text{mm}) \tag{6-7}$$

式中　β——斜楔的倾斜角，(°)。

③ 逆向倾斜斜楔　如图 6-19 所示，逆向倾斜斜楔的力和行程有如下关系。

$$F = \frac{\cos(\alpha + \beta)}{\sin\alpha} \times P(\text{N}) \tag{6-8}$$

$$S = \frac{\sin\alpha}{\cos(\alpha + \beta)} \times L(\text{mm}) \tag{6-9}$$

④ 悬吊斜楔　悬吊斜楔是滑块与滑块座一起安装在上模座上，其运动方向是与安装在下模座上的斜楔驱动块的方向一致。其受力与行程关系如图 6-20 所示。

$$F = \frac{\sin(\alpha + \beta)}{\cos\alpha} \times P(\text{N}) \tag{6-10}$$

$$S = \frac{\cos\alpha}{\sin(\alpha + \beta)} \times L(\text{mm}) \tag{6-11}$$

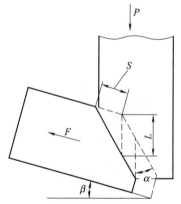

图 6-19　逆向倾斜斜楔受力图

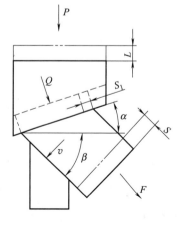
(a) 受力示意图

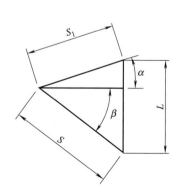
(b) 行程示意图

图 6-20　悬吊斜楔受力及行程示意图

(2) 斜楔滑块行程的设计基准

① 利用斜楔下部时，如图 6-21 所示。

斜楔行程 $S \geqslant a + A +$ 斜楔压料板行程

$$(6\text{-}12)$$

式中　　a——制件送入或取出的空余量，mm；

　　　　A——自动化冲压取 30mm，手工作业取 50mm。

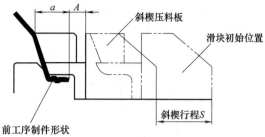

图 6-21　利用斜楔下部时

② 利用活动凹模，如图 6-22 和图 6-23 所示。

对于图 6-22，活动凹模行程 $S \geqslant L + 10$ 　　　　　　　　　　　　　　　　　(6-13)

式中　L——翻边长度，mm。

$$\text{斜楔 } S \geqslant a + A + \text{斜楔压料板行程 } S + \text{活动凹模 } S \qquad (6\text{-}14)$$

对于图 6-23，翻边线变化时，活动凹模行程 S 的决定方法按图示反转时确定。

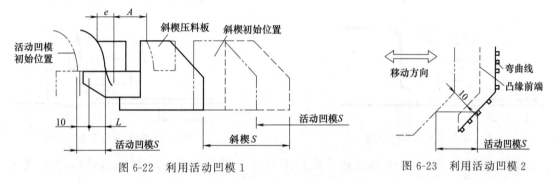

图 6-22　利用活动凹模 1　　　　　　　　　　图 6-23　利用活动凹模 2

③ 悬吊斜楔，上压料板的间隙要在 10mm 以上来定斜楔行程 S，如图 6-24 所示。

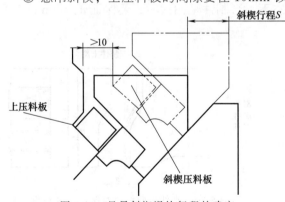

图 6-24　悬吊斜楔滑块行程的确定

(3) 斜楔滑块行程设计的注意事项

① 斜楔角 α 不但影响到滑块行程的大小，同时对力的传递和效率也有很大影响。

② 如图 6-25 所示的水平斜楔，滑块行程 S 是设计数据，斜楔角 α 一般取 40°（或根据具体情况确定）。在闭合状态时，斜楔距底面的距离不小于 25mm（图中 a 尺寸），斜楔行程可以计算得出。主动斜楔开始与滑块的接触长度 b 应保持一定尺寸，应不小于相对滑动行程的四分之一，这样滑块高度 H 就确定了，斜楔高度 H_1 应根据结构需要的闭合高度确定。

③ 如图 6-26 所示的倾斜斜楔，滑块行程 S 是设计数据，倾斜角 β 是覆盖件表面所要求的修边（或冲孔等）方向决定的，斜楔角 α 一般取 40°+β/2（或根据具体情况确定）。主动斜楔距底面的距离 a 不小于 15mm，滑块距下模座上平面的距离 c 是根据滑块位置和倾斜角 β 计算得出的，斜楔行程 L 也是计算得出的。斜楔开始与滑块的接触面 b 应保持一定尺寸，这样滑块高度 H 就相应地确定了，斜楔高度 H_1 应根据结构需要的闭合高度确定。

④ 当 $\alpha = 0$ 时，为水平斜楔机构；当 $\alpha \neq 0$ 时，为倾斜斜楔机构。

⑤ 既然滑块行程 S 是设计数据，因此要求根据前一道工序制件的形状应有足够的上料空间，同时又要有利于本工序制件的送入与取出以及废料的排除，如图 6-27 和图 6-28 所示。在

满足上述条件的基础上，要使行程尽量小，这样可减小斜楔机构的轮廓尺寸。自动化作业时，$a \geqslant 30mm$；人工操作时，$a \geqslant 50mm$。

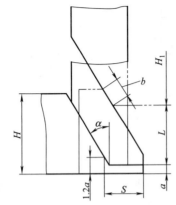

图 6-25　水平运动的斜楔滑块

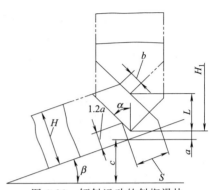

图 6-26　倾斜运动的斜楔滑块

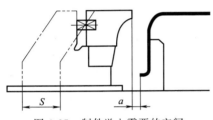

图 6-27　制件送入需要的空间

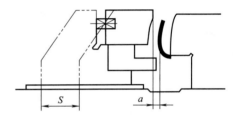

图 6-28　制件取出需要的空间

⑥ 有翻边时，制件取出要注意平面的形状，如图 6-29 所示。翻边是曲线时 h 要大，即 $h_2 > h_1$。

⑦ 不管⑤、⑥哪种情况，在平面形状状态下，当制件是曲线时，要保证 $a \geqslant 50mm$ 的距离，如图 6-30 所示。

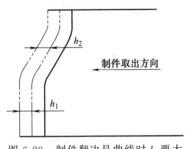

图 6-29　制件翻边是曲线时 h 要大

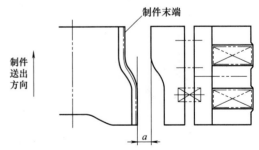

图 6-30　制件是曲线时要保证 a 的距离

⑧ 逆向倾斜斜楔采用活动定位块、顶出机构等均不能将制件取出时，则应让凸模移动，实现制件取出的形式。还要注意凸模强度、动作顺序及制件定位等问题。

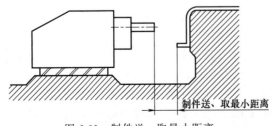

图 6-31　制件送、取最小距离

此类斜楔滑块正压力较大，在工艺设计时不可避免逆向倾斜加工情况下可以使用（一般情况下不使用）。

⑨ 为了更换带凸缘的凸模，留出能够取出压料板的余量；为了更换钢球锁紧的凸模，留出能够在压料板锁紧状态取出凸模的余量。

⑩ 斜楔模滑块行程不得与上压料板干

涉，留出研磨空间不小于 50mm。

⑪ 制件送、取最小距离，如图 6-31 所示，即自动化冲压时为 30mm，人工操作时为 50mm。

6.2.2 斜楔行程示意图的设计要点

(1) 斜楔行程示意图应表达的内容

根据斜楔机构形式的不同，斜楔行程示意图应表达的包括以下部分或全部内容：

斜楔滑块行程：S

斜楔行程：L

斜楔作业行程：W

斜楔压料板行程：C

斜楔角度：θ

滑块倾角：β

滑块运动方向与斜楔竖直运动方向所成的角度：γ

上顶出器动作开始点：P

上下模导向啮合点：G

(2) 斜楔行程示意图的作法

反映斜楔与滑块之间运动关系的图称为斜楔行程示意图，它是设计和选择斜楔的重要依据。如图 6-32 所示为斜楔受力及行程示意图，其中 α 角为斜楔倾角，β 角为滑块倾角，γ 为滑块运动方向与斜楔竖直运动方向所成的角度，L 为斜楔开始与滑块接触运动至下止点（O 点）的距离（滑块行程），S 为滑块行程（也称滑块移动距离）。

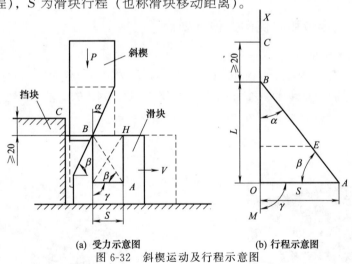

(a) 受力示意图　(b) 行程示意图

图 6-32　斜楔运动及行程示意图

斜楔行程示意图的作法如下。

① 首先根据加工工艺确定滑块的行程 S，并给定斜楔倾角 α、滑块倾角 β 及滑块运动方向与斜楔竖直运动方向所成的角度 γ，作出如图 6-32（a）所示的斜楔受力示意图。

② 在竖直线 XM 上取 O 点，由 O 点沿滑块移动方向（即与 OX 成 γ 角方向）作直线 $OA=S$，由 A 点作 $\angle OAB=\beta$ 交 MX 于 B 点，则 B 点即为斜楔与滑块开始接触点。

③ 斜楔与滑块开始接触前必须与后挡块预先有不小于 20mm 的导向量，并由此决定后挡块与斜楔开始导向点 C。

④ 根据压料板或压制件的需要决定压料板压制件的起始点 E 点。

⑤ 综合分析斜楔模的动作关系后，如有问题，则必须对滑块行程 S 及滑块倾角 β 作适当调整。这样即可做出如图 6-32（b）所示的行程示意图。

示例：如图6-33（a）所示为倾斜斜楔运动示意图，如图6-33（b）所示为斜楔行程示意图，其作图步骤如下。

① 画 x、y 相交直线；

② 取角 θ_2；

③ 取 S、C、W；

④ 按式（6-4）求取 L；

⑤ 取 C、G 点；

⑥ 引出 a 线与各个点的关系。

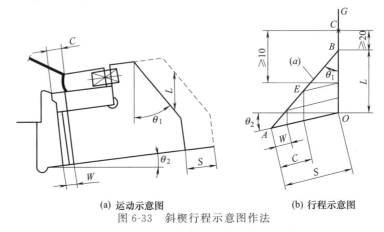

(a) 运动示意图　　　　　　(b) 行程示意图

图6-33　斜楔行程示意图作法

6.2.3　斜楔机构定位和防侧向力设计要点

（1）斜楔机构的定位

斜楔机构的定位，一般分为销定位（代码为 N）与键定位（代码为 K）两种。

① 采用销定位时，必须设计一个背托（也称挡墙），这样对销的受力有好处，如图6-34所示。

图6-34　销定位需要挡墙

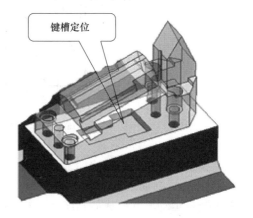

图6-35　键槽定位左右及前后方向

② 使用键定位有三种情况：一种是定位斜楔机构左右方向，此种情况下必须有背托（挡墙）；另一种是定位斜楔机构左右及前后方向，如图6-35所示，这种情况下不需要背托；还有一种是定位斜楔机构前后方向。

（2）防侧向力措施

① 在单面侧修边、侧整形或是侧翻边时，要考虑防侧向力，注意斜楔侧向力的平衡，增

加导板和挡墙，如图 6-36 所示。

②　如果加工的材料料厚大于 2.2mm 或是高强度板料，则必须要制作防侧向力部件，如图 6-37 所示。

③　为了平衡水平或倾斜运动的斜楔的侧向力，一般在斜楔的背面都设计反侧块，如图 6-38 所示斜楔修边模中的件 6 反侧块。

④　斜楔滑块倾斜时要设置倾斜基座（斜楔滑块与基座一体时，机械加工比较困难），如图 6-39 所示。

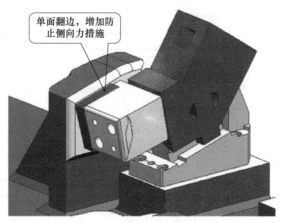

图 6-36　单面翻边防侧向力装置

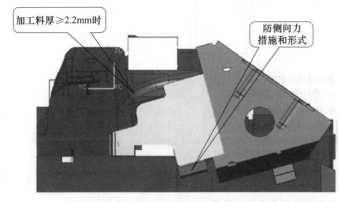

图 6-37　加工厚板料的防侧向力装置

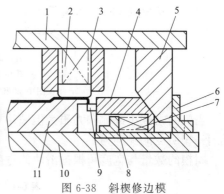

图 6-38　斜楔修边模

1—上模座；2,7—弹簧；3—压料板；
4—从动斜楔；5—主动斜楔；6—反侧块；
8—滑板；9—凸模；10—下模座；11—凹模

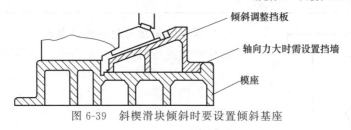

图 6-39　斜楔滑块倾斜时要设置倾斜基座

6.3　斜楔和滑块设计要点

由图 6-6 和图 6-8 可以知道，斜楔机构主要由斜楔、滑块和附属装置三部分组成。

6.3.1　斜楔设计要点

斜楔也称为主动斜楔，工作中起施力体作用，是主动件，它驱动滑块向前作运动，一般安装在上模座上。

(1)　斜楔的形状及尺寸

斜楔的形状及尺寸如图 6-40 所示。一般汽车覆盖件使用的斜楔模具及承受较大的侧向力时，则需采用后挡块。

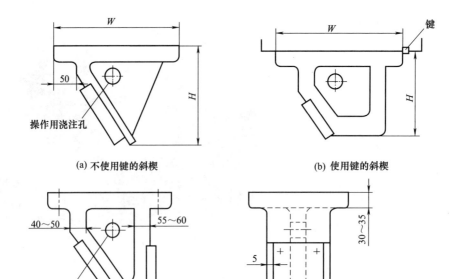

(a) 不使用键的斜楔　　　　　　　　　(b) 使用键的斜楔

(c) 采用后挡块的斜楔

图 6-40　斜楔的形状及尺寸

注：图中 W 和 H 分别为斜楔的长度与宽度尺寸。

当侧向力较小或侧向力虽大但采用了后挡块时，可以不使用键，否则需要使用键，以部分抵消斜楔所受的侧向力。

斜楔的数量与宽度可根据滑块的宽度按表 6-1 选取。

表 6-1　斜楔的数量与宽度的选取

滑块宽度/mm	斜楔宽度/mm	斜楔数量/个
<300	70~120	1
300~600	70~120	2
>600	100~150	2~3

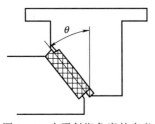

图 6-41　水平斜楔角度的定义

（2）斜楔的角度与材料设计要点

斜楔的角度与材质，应根据工作条件确定。

① 水平斜楔角度的定义如图 6-41 所示。

水平斜楔角度与模具类型的关系见表 6-2。

水平斜楔所使用的材质为 S50C，热处理硬度 50~60HRC。

② 倾斜斜楔的角度与材料。倾斜斜楔角度的定义及行程示意图，如图 6-42 所示。

表 6-2　水平斜楔角度与模具类型的关系

模具类型		角度 θ	
		单侧导板	双侧导板
冲切模		≤40°	≤45°[1]
成形模	变薄	≤40°	≤45°[1]
	挤切断	≤30°	≤30°[2]

[1] 对冲切模及成形模中的变薄等，自动化模具受空间的制约，不能获得行程的特殊情况；

[2] 平面加工有挤切断；大型斜楔或者施加大压力情况下需要。

斜楔行程与滑块行程及角度关系见式（6-7）。

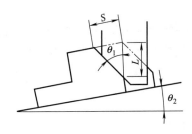 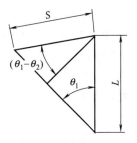

(a) 倾斜斜楔角度的定义　　　　　(b) 行程示意图

图 6-42　倾斜斜楔角度与行程示意图

倾斜斜楔角度与模具类型的关系见表 6-3。

表 6-3　倾斜斜楔角度与模具类型的关系

模具类型		角度 θ	
		单侧导板	双侧导板
冲切模	$\theta°_2 \leqslant 30°$	$1/2\theta_2 + 40°$	$1/2\theta_2 + 45°$[①]
	$\theta°_2 > 30$	$S \leqslant L$ 的角度	$S \leqslant L$ 的角度 $+5°$[①]
成形模	变薄	$S \leqslant L$ 的角度	$S \leqslant L$ 的角度 $+5°$[①]
	挤切断	挤切断模具-10	挤切断模具-10

① 对冲切模及成形模中的变薄等，自动化模具受空间的制约，不能获得行程的特殊情况。

倾斜斜楔材质的选取方法参照水平斜楔所使用的材质。

6.3.2　滑块设计要点

滑块也称为工作斜楔，为受力体，是从动件，安装工作部件，如冲头、修边刀和翻边凸模等，一般安装在下模座上。

(1) 斜楔滑块大小的确定

① 根据滑动面角度关系确定，如图 6-43 所示。

a. 斜楔最初与滑块接触面的长度最小为 50mm，大型斜楔最小为 80mm。

b. 从驱动面上 2/3 处 A 点向倾斜面引垂线至滑动面交于 B 点，在点 C 的内侧。

c. 实际作业开始时行程 S 的 2/3 以上接触斜楔。

② 根据加工长度确定，如图 6-44 所示。

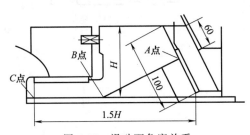

图 6-43　滑动面角度关系

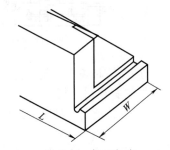

图 6-44　加工长度

考虑斜楔滑块不产生变形，需要保证下述尺寸：

$$W \geqslant 1/3L \qquad (6\text{-}15)$$

式中　W——导向部位的长度，mm；

　　　　L——斜楔长度，mm。

③ 两侧的导向部位长度不同时，按小的一侧 (L_1) 为基准考虑，如图 6-45 所示（这个长度不等于

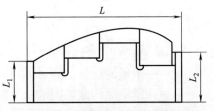

图 6-45　两侧导向长度不同

L_1，实际 $L_2 > L_1$）。

④ 滑块的高度在最高时与其长度相等。一般情况下是滑块高度小于滑块长度。

⑤ 滑块的宽度不能比滑块长度大，否则稳定性不好。如果滑块宽度必须大时，一定要增加滑块长度，以增强其稳定性。

(2) 斜楔滑块的复位方式

① 普通斜楔滑块复位方式。

普通斜楔滑块复位有如下几种方式：

a. 弹簧复位，如图 6-46 所示，其复位弹簧安装在滑块下面。

b. 汽缸复位，如图 6-47 所示。

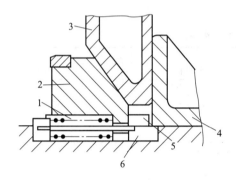 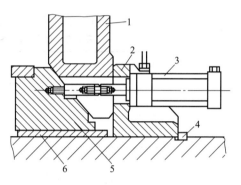

图 6-46 弹簧复位
1—压簧；2—滑块；3—斜楔；
4—下模座；5—防磨板；6—槽

图 6-47 汽缸复位
1—斜楔；2—挡板；3—汽缸；
4—键；5—滑块；6—防磨板

c. 聚氨酯弹簧复位，如图 6-48 所示。

d. 氮气弹簧复位，如图 6-49 所示。

e. 其他复位方式。

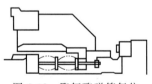

图 6-48 聚氨酯弹簧复位

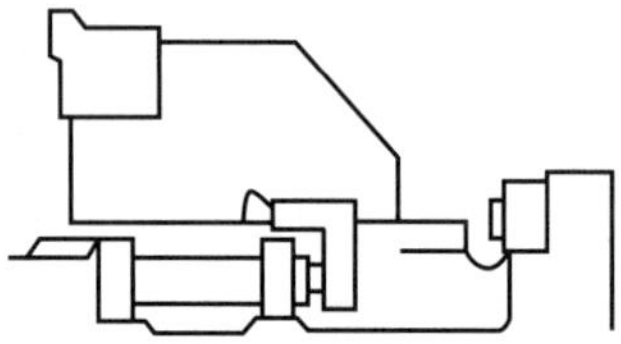

图 6-49 氮气弹簧复位

② 旋转斜楔滑块复位方式。

旋转斜楔滑块复位有如下几种方式：

a. 电器复合控制驱动复位；

b. 机械式驱动复位；

c. 氮气弹簧或矩形弹簧驱动复位。

(3) 斜楔滑块复位力的计算

① 水平滑块，如图 6-50 所示。

$$F = \mu W \tag{6-16}$$

式中　F——复位力，N；

　　　W——滑块的质量，kg；

　　　μ——滑动面的摩擦因数，一般取 0.251。

② 倾斜滑块，如图 6-51 所示。

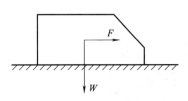

图 6-50　水平滑块

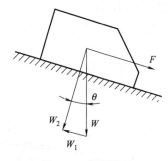

图 6-51　倾斜滑块

$$F = \mu W_2 + W_1 \qquad (6\text{-}17)$$
$$W_1 = W \sin\theta \qquad (6\text{-}18)$$
$$W_2 = W \cos\theta \qquad (6\text{-}19)$$

式中　W_1——滑块下滑力，N；

　　　W_2——滑块垂直滑动面正压力，N；

　　　θ——倾斜角，(°)。

③ 逆向倾斜滑块，如图 6-52 所示。

$$F = \mu W_2 - W_1 \qquad (6\text{-}20)$$

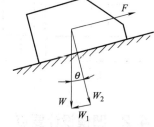

图 6-52　逆向倾斜滑块

式中含义同上。

6.4　凸模与凹模设计要点

6.4.1　凸模设计要点

主要是凸模的符型面与凸模镶块设计。

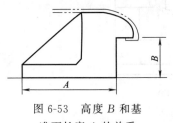

图 6-53　高度 B 和基准面长度 A 的关系

(1) 凸模的符型面

① 凸模符型面的设计原则

a. 要充分保证制件的压料面积。

b. 要保证制件的定位可靠（零件放在凸模上，要充分考虑零件的几何特征来设定凸模符型面形状）。

② 侧向力控制

a. 加工点的高度尽可能设计得低一些，且加工点的高度 B 和基准面的长度 A 的关系为 $A \geqslant 2B$，如图 6-53 所示。

b. 背托。凸模受侧向力较大时需要设背托（挡墙），并且尽可能在加工面上部设置背托。螺栓尽可能设置在加工面附近（注意型面精度），如图 6-54 所示。加工面下面尽可能设置紧固安装台座，如图 6-55 所示。

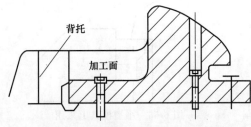

图 6-54　螺栓设置在加工面附近

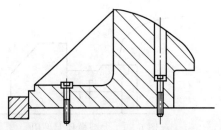

图 6-55　加工面下面设置紧固安装台座

（2）凸模镶块

① 翻边凸模较长、顶端形状强度较弱时，或修边刃口强度较弱的情况下采用镶块，如图6-56所示。

② 对于有承受向上的力时，翻边镶块要镶键，如图6-57所示。

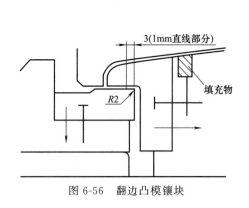

图6-56　翻边凸模镶块

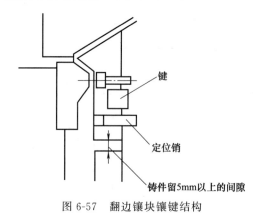

图6-57　翻边镶块镶键结构

6.4.2　凹模设计要点

（1）凹模的分块原则

① 为方便加工，有时翻边凹模也采用一体式，要事先考虑加工、调整的难度，一般切边时采用一体式，整形时采用分体式。

② 凹模的分块尽可能考虑减少机械加工。

③ 凹模安装底面与加工方向尽可能设计成相互垂直，如图6-58所示。

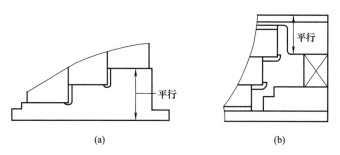

(a)　　　　　　　　　(b)

图6-58　安装底面与加工方向设计成相互垂直

（2）凹模的安装方法

考虑到侧向力等因素，一般大型模具采用图6-59所示的形式，图6-60所示的形式在小型模具上采用。

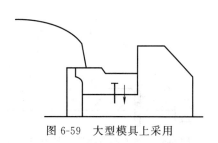

图6-59　大型模具上采用

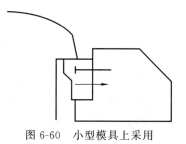

图6-60　小型模具上采用

6.5　压料板设计要点

　　斜楔模具压料板对制件的定位与变形起防止作用。压料板可以划分为上压料板、侧压料板及侧压料和上压料共用压料板三种类型。设计时，应根据压料板凸起形状、动作方向和个数等来选择压料板的类型。

6.5.1　上压料板设计要点

　　① 斜楔模具上压料板的优点是压紧力比较大，能保证制件稳定不变形，如图 6-61 所示。
　　② 斜楔模具上压料板接近垂直壁面且靠近侧壁端面，用上压料板分离，如图 6-62 所示。

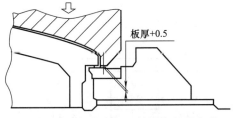

图 6-61　压紧力大保证制件稳定不变形

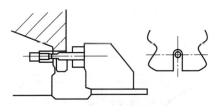

图 6-62　接近垂直壁面且靠近侧壁端面

　　③ 变薄翻边等工序，当上压料板压紧力不足时，可使用聚氨酯弹簧等增强压力部件。

6.5.2　侧压料板设计要点

　　① 为确保制件不变形，侧压料板角度要求，θ 角应小于 15°，如图 6-63 所示。
　　② 压紧力的大小请参照修边冲孔模具和翻边整形模具相关内容。
　　③ 制件加工部位较大时，为了避免滑移，要保证有足够的压料面和压紧力。
　　④ 压料板的行程必须大于冲头进入压料板的长度，否则将导致冲头折断。

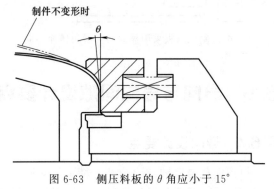

图 6-63　侧压料板的 θ 角应小于 15°

6.5.3　侧压料板与上压料板共用设计要点

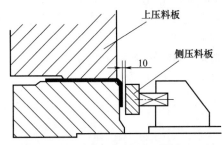

图 6-64　上压料板较侧压料板提前 10mm 以上压紧制件

　　当侧压料板的压紧力不足、制件不稳定时采用。
　　侧压料板的行程以平面加工时压料板行程为基准，上压料板较侧压料板提前 10mm 以上压紧制件（要注意回弹量），如图 6-64 所示。当冲孔凸模触及到制件之前，上压料板必须压紧制件。
　　上压料板和侧压料板并用时，最好是在侧压料板压紧状态下来确定上压料板的压紧力。

6.5.4　压料板导向设计要点

(1) 上压料板的导向
　　如图 6-65 所示的 4 种上压料板的导向结构形式可根据模具寿命、精度要求等进行选择。

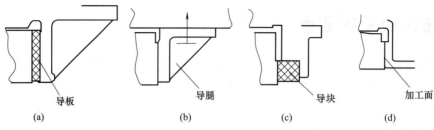

图 6-65　上压料板的 4 种导向结构形式

(2) 侧压料板的导向

① 如图 6-66 所示，侧压料板的导向采用导向板和滑块槽面导向结构形式。顶出器导滑与凹模面空开，$B=(1.0～1.5)A$。

② 即使侧压料板在自由状态时，也应保持在导滑面的 2/3 以上，如图 6-67 所示。

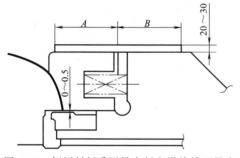

图 6-66　侧压料板采用导向板和滑块槽面导向

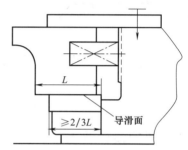

图 6-67　侧压料板保持在导滑面的 2/3 以上

6.6　导向与导向间隙设计要点

6.6.1　导向设计要点

斜楔模具导向要求比较高，特别是侧冲孔、侧修边等，因为修边冲孔的间隙都很小，所以这样的模具一般都是导柱加导腿（导板）的导向形式。

上、下模座导向：所有导向均采用铝青铜本体带石墨润滑导板及导柱、导套。

斜楔机构导向：可采用铜本体带石墨润滑导板或烧结导板等导向。

压料板一般是用导板导向，如果有特殊要求的可以增加导柱导向（或根据客户具体要求设计）。

压料板和下模之间也可以设计增加锥型定位块，以提高压料板的导向精度。

6.6.2　导向间隙设计要点

斜楔模具各相对滑动部件的导向间隙见表 6-4。

表 6-4　斜楔模具各相对滑动部件的导向间隙　　　　　　　　　　　　　　mm

类型	序号	滑动部位	成形类模具	剪切类模具
单动斜楔	1	基体-滑块	0.03 ± 0.02	0.03 ± 0.02
	2	盖板-滑块	0.10 ± 0.03	0.10 ± 0.03
	3	压料板-滑块	0.10 ± 0.03	0.10 ± 0.03
	4	压料板-盖板	0.10 ± 0.03	0.10 ± 0.03

续表

类型	序号	滑动部位	成形类模具	剪切类模具
复合斜楔	5	本体-基体	0.03±0.02	0.03±0.02
	6	盖板-基体	0.10±0.03	0.10±0.03
悬吊斜楔	7	强制回位	0~0.03	0~0.03
普通斜楔	8	强制回位	0.5~1.0	0.5~1.0

注：此间隙指料厚 0.5~1.6mm 制件的斜楔加工结构的单面间隙。

① 悬吊斜楔压料板部位的间隙为 (0.03±0.02) mm。

② 压料板承受上偏力时，盖板会受力，此时的压料板与盖板的间隙为 (0.05±0.02)mm 。

③ 由于回位弹簧等的影响，滑块有上下翘动的可能时，此时间隙采用 (0.05±0.02)mm 。

④ 使用两个普通斜楔组成开花斜楔结构时（如图 6-68 所示），由于有双方间隙的影响，因此即使仅用作弯曲结构，也应使用剪切结构的间隙。

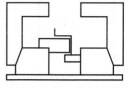

图 6-68　开花斜楔结构

6.7　废料处理设计要点

汽车覆盖件斜楔模具的废料处理分三种情况，即修边废料的处理、冲孔废料的处理和切断（或切口）的废料处理。

6.7.1　修边废料处理设计要点

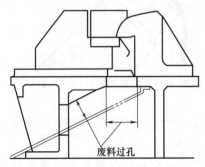

图 6-69　废料过孔要比废料最大宽度还要大

斜楔修边废料的处理方法，根据不同的情况应该充分考虑，采取以下措施。

(1) 一般情况下

由于废料旋转脱落原因，模具要设计比废料最大宽度还要大的废料过孔，如图 6-69 所示。斜楔修边较长（大的）时，还要充分考虑模座的强度。设计模具时，注意废料不要下落到滑块面上。

(2) 废料较长时

废料较长时要作切断处理，这样废料容易下落。废料切断有以下两种情况：

① 与修边同时废料切断。

② 修边废料落下后切断（此种形式废料刀只是在产品面上不倾斜情况下使用）。

注意，切刀高度相对于废料宽度要留有余量，单侧最小 5 mm；切刀断面形状与废料形状可以不相同，但要注意切入时不要将废料挤压到切刀上面来；剪切力非常大的情况下，注意错开修边和切断的时间差；对于废料旋转下落的情况，设计时考虑好废料滑板和切刀形状，不要让废料进入废料滑板与切刀之间。

6.7.2　冲孔废料处理设计要点

(1) 冲孔废料水平排出

如图 6-70 所示，让废料从水平方向排出时，镶块短为宜，$L > (2/3)L_1$。

为使废料排出时废料不倒下，应将从凹模套孔到废料排出孔尺寸设计成逐渐加大的形式。

如果废料排出方向有背托（墙壁）存在，需考虑废料粘连现象，确保 L 尺寸。

（2）冲孔废料倾斜排出

冲孔废料倾斜排出时，有以下两种情况：

① 采用镶块的情况下，如图 6-71 所示。优先采用此方案，此时 $D > 2d$。

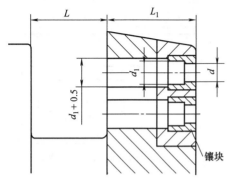

图 6-70　水平方向排出废料

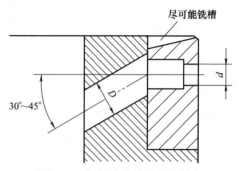

图 6-71　倾斜排出采用镶块结构

② 采用凹模套，其后面为实体时，如图 6-72 所示。

③ 废料因回弹向外凸出时，如图 6-73 所示。为确保废料一片一片排除落下，应采取加大刃口入模量或安装废料顶出装置等措施。

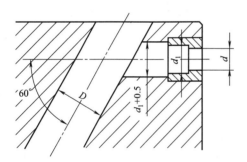

图 6-72　倾斜排出采用凹模套后面为实体结构

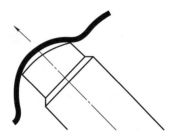

图 6-73　废料因回弹向外凸出

若想让废料一个一个排出，又想控制废料下落时的状态，此时应采用弹性顶销式凸模（或凹模）。

④ 当需要倒料装置时，在废料排出侧没有空位的情况下，应将其转换成直角方向垂直下落结构，如图 6-74 所示。此时 $\theta = 90° \sim 120°$，垂直孔尽可能大，最小应是冲孔直径的 2 倍以上（$D > 2d$）。

⑤ 如果是两侧同时冲孔时，需要增加分料销。

6.7.3　切断废料处理设计要点

在切断（或切口）工作完成后，有时废料是分散下落的。此时的废料刀设置应采取下述措施。

（1）导正废料

让刀刃周边进入时，前端由中间凸出部位导正废料下落，如图 6-75 所示。

（2）设置防护板

有时废料下落时，没有落入废料槽孔中。为了防止落到导板上，应设置防护板。在安装防护板时要注意不要与前工序件形状和斜楔滑块干涉。

这种情况下，应将废料刀设置在废料较窄处，这样有利于废料一边旋转一边快速下落。同时还要考虑废料的重心。

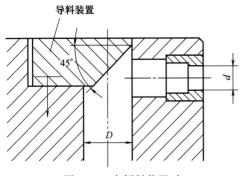

图 6-74　有倒料装置时

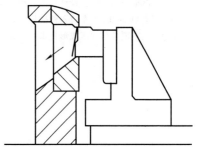

图 6-75　由凸出部位导正废料下落

参 考 文 献

［1］ 廖伟. 汽车覆盖件模具设计技巧、经验及实例. 北京：化学工业出版社，2013.

［2］ 向小汉，陈文勇. 汽车覆盖件模具设计. 北京：机械工业出版社，2013.

［3］ 李雅. 汽车覆盖件冲压成形技术. 北京：机械工业出版社，2014.